0

인간은 살면서 오직 한 가지만 추구한다.
자신의 즐거움!

윌리엄 서머싯 몸

1942

윌리엄 서머싯 몸
William Somerset Maugham
1874~1965

작가 수업

도러시아 브랜디
Dorothea Brande

강미경 옮김

공존

차례

추천사	11
머리말	25
1장. 네 가지 어려움	35
2장. 작가의 조건	53
3장. 이중성의 장점	71
4장. 습관에 관한 조언	95
5장. 무의식의 활용	107
6장. 일정한 시간에 글쓰기	121
7장. 첫 번째 검토	131
8장. 자기 작업에 대한 비평	143
9장. 작가로서 책 읽기	157
10장. 모방에 관하여	167
11장. 순수한 시각 되찾기	179
12장. 독창성의 원천	193
13장. 작가의 휴식	211
14장. 습작의 정석	223
15장. 무의식과 천재	239
16장. 재능의 해방	253
17장. 작가의 비법	267
18장. 몇 가지 잔소리	281
옮긴이의 말	291
참고 문헌	297
찾아보기	301
주요 서평	311
저자에 대하여	323

일러두기

인명, 지명, 작품명에 병기된 괄호 안의 설명은 편집자의 주(註)이다.

번역자의 '옮긴이' 표시가 없는 괄호 안의 설명은 저자의 주이다.

추천사

도러시아 브랜디의 『작가 수업』이 절판되어 안타까워하고 있었는데, 이렇게 다시 빛을 보게 되어 참으로 다행스런 일이 아닐 수 없다. 젊든 나이가 많든, 이제 막 시작했든 이미 많은 책을 냈든 작가가 마주치는 근본 문제들은 『작가 수업』이 처음 출간됐던 1934년이나 지금이나 별반 다를 바가 없다.

작가의 근본 문제는 창작 강좌의 공통 주제인 '글쓰기 기교'와는 하등 관련이 없다. 작가가 부딪치는 근본 문제들을 다루지 않는 한 대부분의 사람들에게 창작 강좌는 거의 아무런 도움이 되지 않는다. 작가의 근본 문제는 개인의 문제다. 즉 개인에 따라 첫 출발부터 난항을 겪을 수도 있고, 첫 출발은 호조를 보이다가 그러고 나서 방향을 잃고 헤매거나 낙담하는 경우도 있고, 얼마간은 글을 아주 잘 쓴다 싶으면 어느 정도 시간이 지나면 수준이 형편없이 떨어지기도 한다.

그런가 하면 매우 뛰어난 이야기나 소설을 한 편 쓰고 나서 두 번 다시 글을 쓰지 못하는 사람도 있고, 창작 강좌를 듣는 동안에는 글을 무척 잘 쓰다가도 강좌가 끝나면 더 이상 글을 쓰지 못하는 사람도 있다. 다시 말해 작가의 근본 문제는 자신감, 자존감, 자유의 문제다. 그런 점에서 작가의 수호 정령은 무의식 속의 이런저런 유령들에게 붙잡혀 있다고 해도 과언이 아니다.

이 책 곳곳에서 브랜디는 번득이는 기지와 재치를 바탕으로, 유명 작가들의 강연은 말할 것도 없고 글쓰기 교사와 글쓰기를 다룬 책들은 그렇지 않아도 불확실성과 자기 회의 때문에 괴로워하는 신참 작가에게 악영향만 미칠 뿐이라고 지적한다.

"첫 강의에서, 책 서두에서, 작가의 강연 첫머리에서 신참 작가는 '재능은 배운다고 해서 트이는 것이 아니다.'라는 말을 듣는다. 거기서 그의 희망은 사라지고 만다. 본인이 의식하든 의식하지 못하든 그런 부정적인 문장 속에서 그가 찾게 되는 것은 다름 아닌 자기 부정이다."

이 책『작가 수업』에서 브랜디의 목적은 통상 부인당하기 일쑤인 바로 그런 부분을 작가 스스로 활용할 수 있게 하는 데 있다. (재능은 타고 나야 한다는 말 속에 숨은 공허한 울림을 이해하고 나면) 재능은 얼마든지 익힐 수 있다는 그녀의 생각은 옳다. 사실 재능은 낡은 신발만큼이나 흔하기 때문이다. 누구나 재능을 가지고 있다. 물론 다른 사람보다 더 많은 재능을 가지고 있는 사람도 있겠지만 그 점은 중요하지 않다. 우리는 자신의 타고난 재능 중 기껏해야 극히 일부만을 쓸 뿐이기 때문이다.

우리가 매일 밤 꾸는 꿈은(심지어 개들도 꿈을 꾼다.) 인간의 마음속 어딘가에 상상력이 은밀하게 자리하고 있다는 사실을 암시한다. 침체의 늪에 빠져 고전 중인 작가든, 아직 시작하지 않은 작가든 작가에게 필요한 것은 자기 자신과 소통할 수 있는 '비법'이다. 작가는 어떤 사고와 행동 습관이 진전을 가로막는지, 미처 의식하지 못한 어떤 힘이 자신감을 좀먹는지를 알아야 한다.

브랜디가 지적하다시피 이런 문제들은 오로지 작가에게만 해당된다. 글쓰기 교사와 글쓰기 교본들은 유난히 비관적이다.

"화가들 대상의 책에서는 독자를 기껏해야 시건방진 환쟁이로 취급하는 내용은 어디에서도 찾아볼 수 없다. 공학 교재 역시 고무줄 두 개와 성냥개비 한 개로 베짱이를 만들 수 있다고 해서 타고난 기술자인 양 우쭐대서는 곤란하다는 경고로 시작하지는 않는다."

브랜디는 유독 글쓰기 분야에서만 이런 잘못된 비관주의가 기승을 부리는 이유를 파헤친다. 예를 들어 그중 한 가지 이유로는 성공한 작가 대부분(그리고 글쓰기 교사들)이 근본 문제들을 어떻게 헤쳐나왔는지 스스로 의식하지 못한다는 점을 꼽을 수 있다. 그래서 (문제는 결국 지나가기 마련이라는 점을 간과한 채) 문제를 헤쳐나가는 데 다른 사람은 도움이 되지 않더라는 경험을 내세워 미리부터 자신의 한계를 드러내며 학생에게 책임을 돌림으로써 은연중에 학생의 문제를 더욱 심화하는 결과를 초래한다.

이러한 비관주의, 심지어 글쓰기 교사들 사이에서도 "재능은 배운다고 해서 트이는 것이 아니다."라는 잘못된 생각이 널리 퍼져 있는 데에는 여러 가지 이유가 있다. 브랜디스는 작가에 대한 세상의 통념, 즉 작가는 어린애처럼 제멋대로인 데다 글을 잘 쓰는 작가는 웬만한 사람보다 아는 게 많아 보인다는 이유로 작가가 마녀처럼 마법을 부리는지도 모른다고 지레 판단해 버리는 사람들의 고정관념을 지적한다. 다른 예술가들에 비해 작가는 남다른 재능을 갈고 닦는 데 성공했다 해도 이를 가시적으로 입증해 보일 방법이 없다. 가죽으로 장정한 화집을 들고 다니는 화가와, 관(管)이나 줄이나 나무를 이용해 복잡하면서 설득력 강한 소리를 만들어내는 음악가는 자신이 보통 사람과 다르다는 증거를 누가 보아도 확실하게 제시한다. 유독 작가만 앵무새처럼 말에 의지한다.

작가가 처음에, 그리고 성공하고 나서도 종종 보이는 방어적 태도는(글을 쓴다는 것은 결국 스스로를 공격에, 심지어는 조롱에 온통 내맡긴다는 뜻이므로) 노련한 작가나 글쓰기 교사의 경우 오만한 배타성의 형태를 띨 수도 있다. 예를 들어 글쓰기 교사는 강좌를 통해 수강생들에게 돈을 받으면서도 자신만큼 똑똑해지는 것은 어림도 없다는 식으로 수강생들의 기를 눌러놓는다. 이와 관련해 브랜디는 이렇게 말한다.

"글을 쓰고 싶다는 갈망은 그저 유치한 과시욕에 지나지 않는다는 소리를 듣게 되거나, 친구들이 그대를 뛰어난 작가로 여긴다고 해서(마치 실제로 그랬기라도 한 듯!) 세상 사람들도 같은 견해일 거라고 생각하면 오산이라는 경고를 접할지 모른다. 이 밖에도 온갖 고루한 소리들이 이어질 수 있다."

따라서 브랜디의 목적은 구체적인 조언과 연습 문제를 통해 작가를 괴롭히는 유령들을 내쫓는 데 있다. 다시 말해 작가가 자신의 무의식과 가깝게 지내면서 건강한 습관을 발전시키고(대부분의 작가가 과도한 흡연에다 딱히 술이 아니더라도 커피를 지나치게 마시는 데에는 그럴 만한 이유가 있다.) 작가를 가로막는 모든 형태의 장벽으로부터 완전히 벗어나도록 돕는 것이 이 책의 목표다. (브랜디의 접근법은 놀랍도록 전향적이다. 그녀가 이 책을 쓸 당시에는 그 방면의 지침서가 따로 없었지만 그녀는 독특하고

정교한 명상 연습 문제뿐만 아니라 우리가 종종 주문이라고 부르는 것을 소개하기도 한다.)

그녀는 줄곧 작가의 생각과 마음에 초점을 맞춘다. 어쩌다 우연히, 또는 지나가다 잠시 짚고 넘어가는 경우를 제외하면 그녀는 글쓰기 기교에 대해선 일절 언급하지 않는다. 누군가가 그 이유를 물었다면 아마도 그녀는 그런 기교는 작가의 근본 문제를 다룬 이 책의 중심 주제를 벗어나기 때문이라고 대답하지 않았을까 싶다. 대신 그녀는 자신의 실제 경험을 바탕으로 글쓰기 강좌에 대한 불신을 책 곳곳에서 숨김없이 드러낸다. 예를 들어 한 대목에서 그녀는 글쓰기 강좌를 들으면서 쫓겨날지도 모른다는 두려움에 시달려보지 않은 학생은 아마 없을 것이라고 꼬집는다. 충분히 공감이 가는 이야기다.

이 밖에도 그녀는 여러 곳에서 '이야기 형식'을 가르치는 강좌에 대해 조바심을 내비치며, 자신이 수강했던 모든 글쓰기 강좌가 글쓰기에 관한 대부분의 책과 마찬가지로 실망스러웠다고 말한다. 그녀는 '이빨을 드러내고' 서로의 작품을 물어뜯는 견습 작가들의 성향에 대해서도 지적한다.

이와 관련해 그녀는 진정한 독창성은 오로지 자기 안에서만 나올 수 있다고 거듭 역설한다.

작가의 근본 문제를 다루는 창작 강좌가 거의 없다는 것은 사실이다. 나 역시 그런 강좌를 접해본 적 없고, 또 그런 강좌에서 학생들을 가르쳐본 적도 없다. 하지만 창작 강좌에 대한 브랜디의 낮은 평가에는 동의하지 않는다. 물론 그렇다고 해서 그녀가 이 책에서 다루는 내용이 미심쩍다는 얘기는 아니다. 단지 유독 작가만 심리적인 문제를 겪는 것은 아니라는 점을 지적하고 싶을 뿐이다.

내 기억으로 나는 작가를 괴롭히는 그 어떤 형태의 장벽도 경험한 적이 없으며, 나의 학생들 중 상당수도 나와 똑같은 말을 하지 않을까 싶다. 모르긴 해도 폴 세잔(1839~1906)의 미술 문하생들이나 알프레드 드니 코르토(1877~1962)의 피아노 문하생들이 영특한 정신과 의사의 도움을 받았더라면 기량이 한층 더 발전했을 것이라거나 미숙한 기술자에게 정말 필요한 것은 봄베이 출신의 현자라고 주장할 사람은 거의 없다. 물론 요즘 들어 일각에서는 글쓰기 강좌를 비난하는 여론이 들끓고 있다.

하지만 내가 보기에 운이 좋아 심리적인 문제에 시달리지 않아도 되는 학생들이나 어떤 식으로든 그런 문제를 극복한 학생들에게는 글쓰기 강좌가 말할 수 없이 소중한 역할을 하는 것 같다. 내가 알기로, 유명한 미국 작가 가운데 글쓰기 강좌를 수강하지 않고 등단한 작가는 한 줌도 될까 말까 하다. 게다가 보통 한 강좌가 아니라 여러 강좌를 수강했다. 브랜디의 책이 내게 시사하는 것은 창작 강좌 전반이 별로 도움이 되지 않는다는 점이 아니라 그런 강좌 대부분이 소수의 행운아에게만 효과가 있을 뿐 강좌의 주제에서 벗어난 문제로 고민하는 학생들은 거기서 배제된다는 점이다.

글쓰기 교사들은 대개 아주 높은 기준을 세워 놓고(그는 먼저 자신부터 글을 잘 써야 한다고 생각한다. 그렇지 않으면 글쓰기 교사로서 본분을 다하지 못하는 셈이 되므로) 나태나 나쁜 성격 또는 아둔함 때문에 뒤처지는 학생들에게 역정을 내다 종국에는 '작가가 되긴 글렀다.'는 이유로, 또는 그 말의 진짜 의미도 모르면서 바보 멍텅구리라는 이유로 학생들 대부분을 쫓아낸다. 견습 작가들이 '이빨을 드러내고' 서로를 물어뜯는다면, 어쨌든 그런 경향을 보인다면 잘못은 교사에게 있다. 즉 교사가 알게 모르게 그런 분위기를 조성했기 때문이다.

글을 잘 쓰려면 기교에도 일정 정도 통달해야 할 뿐만 아니라 자신의 작품이나 다른 사람의 작품이 지니는 강점과 약점을 솔직하고 유익하게 분석하는 능력도 갖추어야 한다. 훌륭한 글쓰기 강좌에서는 바로 이런 것들을 가르친다. 브랜디의 책은 그런 강좌에 필요한 초석을 놓는다. 근본 문제를 직시하고 이를 제대로 다루지 않는 한, 작가 지망생은 부지불식간에 야비한 속임수의 희생자가 될 수밖에 없다. 우리의 가슴에 절실하게 와닿는 문제들과 더불어 인간적인 문제들도 다루어야 하는 자신의 책무를 깨닫지 못하는 한 글쓰기 교사는 교실에 속한다기보다 멀리 떨어진 군대에 속할 수밖에 없다.

짐작할지 모르겠지만 그런 글쓰기 교사들을 언급하는 내 말 속에는 굉장한 경멸이 담겨 있다. 사람들은 죄책감을 느낄 때 종종 그런 말투를 사용한다.

앞으로 더욱 분발해서 훗날 천국 문 앞에 갔을 때 브랜디가 나를 보고 자신의 영향력과 빈틈없는 재치를 사용해 대문을 걸어 잠그는 일이 없도록 하리라 다짐해본다.

1980년 10월 25일
펜실베이니아 서스쿼해나에서
존 가드너*

---

*1933~1982, 미국의 소설가 겸 비평가, 대표작 『그렌델(*Grendel*)』(1971).

1982, photo by Joel Gardner

존 가드너
John Champlin Gardner Jr.
1933~1982

머리말

나는 성인이 되고 나서 대부분의 시간을 글을 쓰거나 편집하거나 소설을 비평하며 보냈다. 예나 지금이나 소설을 쓴다는 것은 내게 중요한 의미를 갖는다. 우리 사회에서 단편이든 장편이든 소설의 비중은 매우 크다. 소설은 많은 독자들이 알고 있는 유일무이의 철학을 제시한다. 다시 말해 독자들은 소설을 통해 윤리적, 사회적, 물질적 기준을 확립한다. 독자들은 소설을 통해 편견을 굳히기도 하고, 그런가 하면 더 넓은 세상을 향해 마음을 활짝 열어젖히기도 한다. 널리 읽히는 책의 영향력은 지대하다. 그런 책이 선정적이거나 조잡하거나 저속하다면 우리의 삶은 그런 책이 퍼뜨리는 싸구려 이상 때문에 더욱 초라해진다. 반대로 아주 드문 일이긴 하지만 그런 책이 말 그대로 진정한 양서라서 건전한 생각과 건전한 행동을 끌어낸다면 우리 모두 그 책의 덕을 보게 된다. 그런데 영화가 소설의 이러한 영향력을 좀먹고 있다. 하지만 또 한편으로 영화는 갈수록 영역을 넓혀 나가면서 이미 소설 독자들 사이에 유행하는 생각을 책을 읽기에는 너무 어리거나 참을성이 없거나 무지한 사람들에게 전파하고 있다.

    그런 만큼 내가 소설가들의 문제에 관해 진지하게 글을 쓴다고 해서 사과할 필요는 없을 듯하다. 하지만 2년 전만 해도 작가의 집필실에 또 한 권의 책을 늘리는 점에 대해 필시 미안함을 느꼈을 것이다. 나 역시 견습 작가 시절은 물론이고, 고백하건대 작가가 되고 나서도 한참 동안 소설 작법, 줄거리 구성, 등장인물 처리에 관한 책을 손 닿는 대로 모조리 찾아 읽었다. 이런저런 글쓰기 강좌를 쫓아다니며 강사들 앞에 턱을 괴고 앉아선 신프로이트학파가 분석한 소설 쓰기를 경청했다. 성격은 처음부터 정해진다는 결정론 속에서, 작가에게 등장인물을 무궁무진하게 발굴해주는 광산을 발견하고 열광하기도 했다. 도표를 그리는 사람으로부터, 시놉시스에서 출발해 서서히 완전한 이야기로 살을 붙여나가는 사람으로부터 달게 가르침을 받았다. 나는 문학의 '식민지'에 살면서 자신의 직업을 더러는 생업으로, 더러는 전문직으로, 더러는 (다소 겸연쩍어하며) 예술로 간주하는 현업 작가들과도 이야기를 나누었다. 간단히 말해 나는 글쓰기 문제와 관련된 요즘의 '접근법'을 거의 빠짐없이 직접 경험했으며, 나의 서가는 직접 만나보지 못한 그 외 글쓰기 교사들의 저작으로 넘쳐났다.

그러고도 여러 해를 출판사의 요청으로 책을 읽고, 전국 유통망을 갖춘 잡지에 실을 소설을 선별하고, 기사와 단편 소설과 서평과 장문의 평론을 쓰고, 온갖 연령대의 편집자와 작가들을 사석에서 만나 그들의 작품에 대해 협의하며 보냈다. 그러다 2년 전부터 소설 작법을 가르치기 시작했다. 첫 강의가 있던 날 저녁, 내 머릿속에는 온통 그렇지 않아도 과부하 상태인 문학의 그 주제에 부담만 더 늘렸다는 생각밖에 없었다. 그동안 읽은 책 대부분과 수강했던 강의 모두에 무척이나 실망했는데도 불구하고 나는 가르치는 입장이 되고서야 비로소 내 불만의 진정한 근원을 깨달았다.

일반 학생이나 아마추어 작가가 직면하는 어려움은, 소설 작법에 관한 기술적인 가르침을 통해 그 혜택을 누릴 수 있는 수준에 이르기 이미 오래전부터 시작된다. 내 불만의 근원은 바로 거기에 있었다. 예비 작가는 그런 사실을 짐작조차 하지 못한다. 만약 자신이 느끼는 막막함의 원인을 스스로 파악할 수 있다면 그는 그 어떤 강의도 듣지 않을 것이다. 하지만 그는 성공한 작가들은 자신이 보기에 거의 이겨낼 수 없을 것 같은 어려움을 극복했다는 사실만 그저 어렴풋이 알 뿐이다. 그는 인정받는 작가에게는 굉장한 '비법'이, 아니면 비법까지는 아니라 하더라도 주의해서 잘 살펴볼 경우 적어도 남다른 비책이 있다고 믿는다. 나아가 그는 자신을 가르치는 교사는 그 비법을 알고 있어서 "열려라 참깨!" 같은 효과가 있는 말을 해주지 않을까 기대한다. 그런 말을 들을 희망에 부풀어 그는 자신이 처한 궁지와는 아무 상관이 없는 소설 유형, 줄거리 구성, 기교에 관한 강의를 빼놓지 않고 수강하며 끈덕지게 자리를 지킨다. 게다가 제목에 '소설'이 들어가는 책은 모조리 사들이거나 빌린다. 작가가 직접 나와 작법을 알려주는 강연도 열심히 쫓아다닌다.

하지만 대부분의 경우 그는 실망한다. 첫 강의에서, 책 서두에서, 작가의 강연 첫머리에서 그는 "재능은 배운다고 해서 트이는 것이 아니다."라는 말을 듣는다. 거기서 그의 희망은 사라지고 만다. 본인이 의식하든 의식하지 못하든 그런 부정적인 문장 속에서 그가 찾게 되는 것은 다름 아닌 자기 부정이다. 사실 그는 이른바 '재능'을 발휘해 말로 세상을 그려보고 싶다는 충동을 막연하게조차 느껴본 적이 없을지도 모른다. 잠시라도 좋으니 불멸의 작가들과 어깨를 나란히하고 싶다는 생각 또한 감히 품어본 적이 없을지도 모른다. 그런데도 "재능은 배운다고 해서 트이는 것이 아니다."라는 선언은 그의 소박한 희망에 사망을 고하는 종소리와도 같다. 대부분의 글쓰기 교사와 작가들은 되도록 일찍, 그리고 되도록 심드렁하게 그 말을 해주어야 한다고 생각하는 듯하다. 그는 그저 글쓰기와 관련해 뭔가 굉장한 비법이 있다는 말을 들음으로써 작가의 대열에 합류하고 싶었을 뿐인데 말이다.

    이 책은 좀 유별날 것이다. 나는 글쓰기에 비법이 있다고 생각하는 사람들이 옳다고 믿기 때문이다. 나는 그런 비법은 분명히 있고, 또 얼마든지 배울 수 있다고 생각한다. 이 책은 작가의 비법에 관한 모든 것을 다루고 있다.

1867

찰스 디킨스
Charles Dickens
1812~1870

1

네 가지 어려움

소설을 쓰는 데는 세 가지 법칙이 있는데
안타깝게도 그게 뭔지 아무도 모른다.
윌리엄 서머싯 몸

인생에는 중요한 두 가지 법칙이 있다.
일반적인 하나는 모든 이가 노력하기만 하면
결국 자기가 원하는 것을 얻을 수 있다는 것이고
다른 특별한 하나는 모든 이가 어느 정도
그 법칙의 예외라는 사실이다.
새뮤얼 버틀러

1

앞에서 이미 양해도 구했고 나의 신념도 밝혔으니 이제부터는 글을 쓰고 싶어하는 사람들에게만 초점을 맞추려고 한다.

작가의 비법 같은 것은 분명히 있다. 많은 작가들이 운 좋게 알아냈거나 또는 무수한 시행착오를 거쳐 스스로 정립한 과정은 분명히 있다. 그중 일부는 얼마든지 배울 수 있다. 그것을 배우려면 길을 약간 돌아가야 한다. 우선 자신이 맞닥뜨리게 될 큰 어려움들이 뭔지부터 파악하고 나서 그런 어려움을 이겨내는 단순하지만 엄격한 자기 강제가 필요한 훈련에 들어가야 한다. 그리고 종국에는 강의실이나 교재에서 접할 수 있는 가르침과는 완전히 다른 뜻밖의 충고를 기꺼이 받아들일 수 있는 신념이나 호기심을 지녀야 한다.

어쨌든 나는 글쓰기 초보자에게 필요한 지식이 있다고 인정할 뿐만 아니라, 젊은 작가들 대상의 입문서를 펴내는 사람들이 흔히 제시하는 과정과는 출발점부터 달리할 것이다. 작가의 문제를 다룬 책들을 펼쳐보면 어느 책이든 십중팔구 거의 첫머리에, 아무나 작가가 될 수는 없으며, 아마도 그대에게는 심미안, 식견, 상상력 등 글을 쓰고 싶다는 포부를 실현해 작가, 아니 최소한 웬만한 글쟁이가 되는 데 필요한 특별한 능력이 부족하다는 암울한 경고 문구가 나온다. 글을 쓰고 싶다는 갈망은 그저 유치한 과시욕에 지나지 않는다는 소리를 듣게 되거나, 친구들이 그대를 뛰어난 작가로 여긴다고 해서(마치 실제로 그랬기라도 한 듯!) 세상 사람들도 같은 견해일 거라고 생각하면 오산이라는 경고를 접할지도 모른다. 이 밖에도 온갖 고루한 소리들이 이어질 수 있다. 젊은 작가들에 대한 이러한 비관주의의 근거를 접하면 나 역시 마음이 착잡해진다. 화가들 대상의 책에서는 독자를 기껏해야 시건방진 환쟁이로 취급하는 내용은 어디에서도 찾아볼 수 없다. 공학 교재 역시 고무줄 두 개와 성냥개비 한 개로 베짱이를 만들 수 있다고 해서 타고난 기술자인 양 우쭐대서는 곤란하다는 경고로 시작하지는 않는다.

자기 기만이 대개 '나는 쓸 수 있다'는 믿음의 형태로 나타난다는 것은 어쩌면 사실일 수도 있지만 나는 그렇게 생각하지 않는다. 내 경험으로 볼 때 좋은 성과를 거두기 위해 배움에 아무리 진지하게 임한다 해도 아주 짧은 기간 안에 엄청난 진전을 이룰 수 있는 분야는 없다. 따라서 내가 이 책을 쓰는 목적은 자신의 양식과 지성을 믿는 사람들이 문장과 단락의 구조를 익히도록 하고, 글을 쓰기로 결심한 순간 잘 쓰는 것도 중요하지만 써야 하는 의무를 독자에게 진다는 점을 깨닫도록 하고, (영어) 산문의 거장들을 공부할 기회를 갖도록 하고, 목표 달성을 위해 부단히 매진해 나가려면 반드시 필요한 기준을 스스로 세우도록 하는 데 있다.

저 잘난 맛에 사는 아둔한 졸필보다 방금 말한 것들에 부합하는 작가를 더 많이 만난 것은 어쩌면 나만의 특별한 행운일지도 모른다. 하지만 안타깝게도 우리가 곧 살펴보게 될 글쓰기 장벽 가운데 하나에 직면해, 아무나 글을 쓰는 게 아니라는 설득에 너무 쉽게 넘어가 버리는 마음 여린 젊은이들도 나는 수없이 만났다. 물론 글을 쓰고 싶다는 갈망이 그들이 겪어야 하는 치욕을 넘어설 때도 더러 있었다. 하지만 대개는 창의력의 출구를 찾지 못한 채 불행하고 답답하고 불안한 삶으로 빠져들었다. 바라건대 이 책이 글쓰기를 포기할까 말까 망설이는 사람들이 마음을 고쳐먹는 데 도움이 됐으면 좋겠다.

내 경험상 글을 쓰면서 끊임없이 부딪치게 되는 네 가지 어려움이 있다. 나는 이야기 구조나 인물 묘사보다 이 어려움에 대한 질문을 훨씬 더 많이 받는다. 글쓰기 교사라면 응당 같은 고민을 듣게 되지 않을까 싶다. 하지만 글쓰기 교사 대부분이 현업 작가와는 거리가 먼지라, 자신의 분야를 벗어난 문제라고 치부해 버리거나, 고민에 빠진 학생이 이런 어려움을 호소하면 작가로서 재능이 없다고 판단해 버리는 경향이 있는 것 같다. 그러나 이런 장애를 겪는 학생들이야말로 명명백백하게 재능을 타고났으며, 마음이 여릴수록 피해를 더 많이 입는 듯하다. 햇병아리 기자나 글품팔이는 여간해선 이런 문제로 도움을 청하지 않는다. 그들은 자신의 실력 부족 때문에 그들보다 좀더 성실한 축에 드는 출판 에이전트와 편집자가 생고생을 하든 말든 개의치 않는다. 그런데도 글쓰기 교육은 이 문제는 안중에도 없는 기성 작가를 대상으로 하는 경우가 대부분이며, 작가가 겪는 어려움은 무시되거나 간과되기 일쑤다.

글쓰기 자체의 어려움

첫 번째로 글쓰기 자체의 어려움이 있다. 작가가 뭔가를 말하고자 할 때 세워야 하는 원숙하고 막힘 없는 흐름은 쉽게 운을 뗄 수 있는 성질의 이야기가 아니다. 그렇다고 쉽게 글을 쓸 수 없다면 그 사람은 직업을 잘못 골랐다는 어리석은 단정은 순전히 난센스다. 글쓰기 교사가 학생에게 작가로서 싹수가 보이지 않는다고 섣불리 말하기 전에 반드시 짚고 넘어가야 하는 이 어려움에는 여러 가지 요인이 있다.

우선 미숙과 겸손이 이 어려움의 근원일 수 있

다. 더러 자의식이 글의 흐름을 막기도 한다. 그런가 하면 글쓰기에 대한 오해 때문이거나 양심의 가책을 감당하지 못해 어려움에 봉착하는 경우도 많다. 새내기 작가일수록 그동안 들어온 말을 곧이곧대로 받아들여 한 치의 오점도 없이 환하게 빛나는 신성한 불을 기다리면서 그 불은 오직 저 위에서 내려오는 행운의 불씨에 의해서만 지펴질 수 있다고 믿기 쉽다. 여기서 특히 주목해야 할 점은 이 어려움은 이야기 구조나 줄거리 구성을 둘러싼 문제보다 선행한다는 사실이다. 따라서 이 어려움을 무사히 넘길 수 있게 도움을 받지 못한다면 기술적인 가르침은 아무 소용이 없다.

'한 책' 작가

두 번째 어려움은 보통 사람이 생각하는 것보다 그 사례가 훨씬 더 많다. 초기에 성공을 거두고 나서 두 번 다시 성공하지 못하는 작가들이 의외로 많다. 여기서도 이런 어려움에 직면할 때마다 군색한 변명이 난무한다. 이른바 '한 책 작가'가 이런 유형에 속한다. 이 경우 자서전의 겨우 일부만 써놓은 상태에서 부모와 자신의 배경에 대해 불편

한 심기를 쏟아놓다 그만 긴장이 풀리는 바람에 두 번 다시 역작을 내놓지 못한다. 하지만 그는 자신을 '한 책 작가'라고 생각하지 않는다. 만약 그렇게 생각한다면 우리는 그에게서 더 이상 아무 얘기도 듣지 못할 것이다. 게다가 모든 소설이 자전적인 성격이 짙다 해도 자신의 경험을 끊임없이 형상화하고 재결합해 꽤 긴 분량의 훌륭한 책이나 이야기로 객관화해내는 운 좋은 작가들이 있다. 그런 만큼 '한 책 작가'는 자신의 재능이 갑자기 멈춰버린 현상을 병적인 증상으로 여기고 치료할 수 있다고 생각하는 것이 옳다.

이 작가가 요행이 아니라 마땅히 그럴 만해서 성공을 거두었다면 그는 이미 자신의 글쓰기 방식이 안고 있는 기술적 한계에 대해 뭔가를, 어쩌면 아주 많은 부분을 알고 있는 것이 분명하다. 그의 어려움은 기술적 한계에 있지 않다. 운이 좋은 경우가 아니라면 기교에 대해 자문과 조언을 아무리 많이 구한다 하더라도 그러한 교착 상태를 해소하지 못한다. 여러 가지 점에서 그는 거침없이 쓰는 법을 아직 배우지 못한 초보자보다 운이 좋다. 적어도 그는 말을 감동적으로 풀어내는 자신의 능력을 입증해 보였기 때문이다. 하지만 다시는 성공하지 못할지도 모른다는 처음의 조바심은 낙담에 이어 정말 절망으로 바뀔 수도 있다. 그렇게 되면 아무리 뛰어난 작가도 결국 길을 잃고 말 수 있다.

가물에 콩 나듯 쓰는 작가

세 번째 어려움은 말하자면 앞의 두 가지 어려움이 뒤섞인 형태를 띤다. 지루하리만치 긴 휴지기를 보내고 나서야 비로소 제대로 된 글을 쓰는 작가들이 있다. 내게도 해마다 뛰어난 단편을 한 편씩 써 내는 학생이 있었는데, 그렇다고 그 글이 심금을 울릴 만큼 아주 만족스러운 수준은 아니었다. 글을 쓰지 못하는 기간은 그 학생에게 고문이었다. 글을 다시 쓸 수 있기 전까지 세상은 불모의 황무지였다. 글을 쓸 수 없을 때마다 그 학생은 앞으로 두 번 다시는 좋은 글을 쓰지 못할 거라고 확신했다. 사실 처음 만났을 때 그 학생은 나를 설득해 거의 그렇게 믿게끔 만들었다. 하지만 그런 주기가 끝나면 그 학생은 늘 다시 글을 썼고, 또 곧잘 썼다.

여기서도 기술적인 가르침은 어려움을 해결

하는 데 아무 도움이 되지 않는다. 단 한 가지 생각도, 단 하나의 문장도 떠오르지 않는 듯한 이 침묵의 기간 때문에 고통을 겪는 사람들은 일단 저주어린 주문에서 풀려나면 거침없이 술술 써 내려갈 수 있다. 글쓰기 교사는 문제의 근원을 정확히 파악해 거기에 맞는 조언을 해주어야 한다. 이번에도 역시 영감의 번개가 내리쳐주기를 바라는 심리가 문제의 이면에 도사리고 있을지 모른다. 많은 경우 이러한 어려움은 완벽이라는 거의 도달 불가능한 상태를 추구하는 데서 비롯된다. 또 더러는, 드물긴 하지만 일종의 과도한 허영심이 원인이 되기도 한다. 이 경우에 작가는 외면 당할 위험을 감수하지 않으려다 결국 인정받을 수 있다는 확신이 들기 전까지는 아무것도 손댈 수 없게 된다.

기복이 심한 작가

네 번째 어려움은 기술적인 측면과 관련이 있다. 즉 이야기가 생동감은 있지만 설득력이 떨어져 이를 끝까지 제대로 끌고갈 만한 능력을 갖추지 못했을 때 부딪치게 되는 어려움이다. 이런 어려움을 토로하는 작가들은 대개 출발은 좋지만 몇 쪽만 쓰고 나면 갈피를 잡지 못하고 우왕좌왕한다. 그런가 하면 좋은 이야기를 너무 건조하고 성기게 쓰는 바람에 이야기의 장점이 모두 사라져버리기도 한다. 때로 이런 작가들은 축을 이루는 인물의 행동에 적절한 동기 부여를 하지 못하기도 하는데, 그렇게 되면 이야기는 신빙성을 잃고 만다.

이런 난관에 봉착한 작가들의 경우 이야기의 구조와 다양한 형식을 비롯해, 이야기가 장벽에 부딪쳤을 때 구원해줄 무해한 '요령'에 대해 배운다면 크게 도움이 될 수 있다. 하지만 여기서조차 진짜 어려움은 이야기 형식이 문제가 되기 오래전에 이미 자리를 잡고 있다. 이 경우 작가는 자신의 생각을 피력하는 데 필요한 자신감이 없거나, 경험이 너무 부족해 등장인물들이 현실에서 어떻게 행동할지 모르거나, 아니면 수줍음이 너무 많아 이야기가 활기를 띠려면 감정에 호소하며 거침없이 써 내려가야 하는데도 그렇게 하지 못한다. 우유부단하거나, 수줍음이 많거나, 귀가 얇은 작가는 비난을 감수하더라도 원고를 남들에게 보여주는 훈련을 하는 것만으로는 부족하다. 그런 경우라면 한시라도 빨리 이야기에 대한 자신의 감을 신뢰하는 법과 편안하게 이야기하는 법을 배워야 한다. 거장의 노련하고도 자신감 넘치는 필치를 배우는 것은 그 다음에 해도 늦지 않다. 결국 이 어려움도 작가가 안고 있는 기술상의 결함이라기보다 작가의 성격 문제로 귀착된다.

기술적인 문제와 상관없는 어려움들

지금까지 작가가 글을 쓰는 삶을 시작하면서 가장 많이 마주치게 되는 네 가지 어려움에 대해 살펴보았다. 소설 쓰기에 관한 책을 사거나 단편소설 작법을 가르치는 수업을 듣는 사람들 거의 모두가 이 중 한두 가지 어려움을 겪는다. 그리고 그런 어려움을 극복하기 전에는 기술적인 훈련이, 비록 나중에는 더없이 중요하다 하더라도 별로 도움이 되지 않는다.

더러 작가들은 수업 분위기에 고무되어 강의를 듣는 도중에 작품을 써내기도 한다. 하지만 자극이 멈추는 순간 그들의 글쓰기도 멈추고 만다. 글을 쓰고자 하는 열의에 불타면서도 과제로 받은 주제에 대해서조차 글을 쓰지 못하는 사람이 수두룩하다. 그럼에도 그들은 희망을 품고 강의를 들으러 나온다. 개중에는 해마다 얼굴을 보이는 이들도 있다. 분명히 그들은 도움을 갈구하고 있지만 아무도 도움의 손길을 내밀어주지 않는다. 하지만 누가 뭐래도 그들은 초보자와 '지망생' 수업에서 벗어나 내로라하는 작가 대열에 끼기 위해 시간과 노력과 돈을 기꺼이 들일 준비가 되어 있다.

1888

조지프 러디어드 키플링
Rudyard Kipling
1865~1936

2

작가의 조건

우리는 항상
자신이 가진 열다섯 가지 재능에 감지덕지하기보다
자신이 갖지 않은 한 가지 재능에 뛰어나려고 노심초사한다.
마크 트웨인

인생에서 재미있는 것 한 가지는
최고만 고집하다 보면 대개 최고를 얻게 된다는 것이다.
윌리엄 서머싯 몸

2

 이와 같은 어려움을 겪고 있다면 생활과 태도와 습관에서, 나아가 성격에서 문제의 원인을 찾아 고치려고 노력해야 한다. 작가가 된다는 것이 무엇을 의미하는지 깨닫기 시작하고 나면, 작가의 역할은 무엇이고 거기에 걸맞게 행동하려면 어떻게 해야 하는지를 배우고 나면, 자신의 목표를 향해 나아가는 데 방해가 되기보다 도움이 될 수 있도록 일과 관계를 정리하고 나면, 그리고 책꽂이에 꽂힌 소설 기교에 관한 책이나 모범이 되는 산문 양식과 이야기 구조를 앞다투어 소개해놓은 여타의 책들이 사뭇 다르게 보이면서 더할 나

위 없이 도움이 될 것이다.

이 책은 글쓰기 기교를 다룬 그런 책들과는 거리가 멀다. 몇몇 입문서는 작가라면 반드시 가지고 있어야 할 만큼 그 가치가 매우 높다. 부록으로 덧붙인 「참고 문헌」 목록에, 나는 물론이고 나의 학생들에게도 크게 유익했던 책들의 제목을 실었다. 그 목록을 두 배나 세 배로 늘릴 수 있었다면 더 좋았을 것이다. 이 책은 목록에 실린 책들과도 성격이 다르다. 즉 그런 책을 읽기 전에 거치는 예비 단계라고 생각하면 맞다. 초보자들이 이 책을 통해 글을 잘 쓰는 법보다는 작가가 되는 법을 배우게 된다면 나의 목적은 이루어지는 셈이다. 글을 잘 쓴다는 것과 작가가 된다는 것은 별개의 문제다.

작가의 기질 배양하기

작가가 되려면 무엇보다도 작가의 기질을 배양해야 한다. 상식을 갖춘 사람들 사이에서 '기질'이라는 말은 수상쩍은 취급을 받기 마련일 터, 내가 이 말을 사용하는 데에는 격정에 사로잡혀 정처 없이 떠도는 보헤미안의 방랑벽을 부추기거나 작가의 삶에 꼬리표처럼 따라다니는 침울한 기분과 변덕을 두둔하려는 의도가 전혀 없다는 것을 서둘러 밝혀두는 바이다. 작가의 기분과 기질은 만약 그런 것이 실제로 존재한다면 성격에 문제가 있다는 조짐으로, 이는 결국 노력의 낭비와 감정의 소진을 가져올 뿐이다.

내가 '그런 것이 실제로 존재한다면'이라고 말하는 이유는 보통 사람들이 생각하기에 작가와 불가분의 관계를 맺는 기질인 오만한 어리석음은 대개 보는 사람의 눈에만 보이기 때문이다. 보통 사람들은 작가에 대한 이야기를 평생 귀가 따갑게 듣는다. 그리고 그들은 실제로 많은 경우 작가는 이른바 '시인 면허증'을 내세워 자신을 불편하게 하는 도덕 규범은 모조리 무시할 권리가 있다고 주장한다고 믿는다. 작가가 아닌 사람이 작가에 대해 어떻게 생각하든 그것이 글을 쓰고자 하는 사람에게 아무런 영향력도 미치지 못한다면 그다지 중요하지 않을 것이다. 하지만 작가 지망생들은 자신의 의지나 분별력과 상관없이 작가의 삶에는 무시무시하고 위험한 뭔가가 놓여 있다는 설득에 쉽게 넘어가며, 앞에서도 살펴보았듯이 작가를 괴롭히는 문제 가운데 하나인 수줍음은 바로 그러한 통념을 너무 많이 믿는 데서 기인한다.

가짜 작가와 진짜 작가

어쨌든 우리 가운데 작가의 기질을 보여주는 본보기라 할 만한 집안에서 태어나는 사람은 매우 드물다. 게다가 작가의 삶은 보통 사람과 다른 양상을 띠기 때문에 밖에서 바라볼 때 작가의 행동과 그렇게 행동하는 이유를 오해하기가 아주 쉽다. 작가를 한편으로는 버르장머리 없는 어린아이로, 다른 한편으로는 고통받는 순교자로, 또 다른 한편으로는 건달의 모습을 한 괴물로 바라보는 시각은 19세기가 물려준 유산이다. 참으로 어처구니없는 유산이 아닐 수 없다. 그 이전에는 작가를 바라보는 시각이 훨씬 건전했다. 즉 작가는 보통 사람보다 마음이 더 여리고, 공감을 더 잘하고, 더 진지하고, 취미가 더욱 다양하고, 군중 심리에 덜 좌우된다는 생각이 주를 이루었다.

그런데 19세기 말의 통념에는 극히 일부이긴 하지만 진실인 구석도 있다. 구체적으로 살펴보면 다음과 같다. 작가는 숨을 거두는 순간까지 자발성과 아이처럼 예민한 감수성과 화가 못지않게 '순수한 시각'을 유지하면서 새로운 환경에 참신하고 신속하게 반응할 뿐만 아니라, 기존의 환경도 마치 처음 대하는 환경처럼 대한다. 그러한 특징과 개성은 쉽사리 케케묵은 범주로 분류되고 무시당해 경이로움과 의외성을 잃는 것이 아니라 마치 신의 손을 통해 나날이 새롭게 주조되는 듯하다. 상황에 곧바로 예민하게 반응하는 만큼 작가에게 '진부하다'는 말은 통하지 않는다. 작가는 아리스토텔레스가 2천 년 전에 말한 '사물의 연관관계'에 늘 주목한다. 이런 신선한 시각이야말로 작가에게 반드시 필요한 재능이다.

작가의 두 가지 면

하지만 작가가 성공을 거두자면 위에서 말한 특징 못지않게 중요한 요소가 또 있다. 다름 아니라 성숙함과 분별력과 절제와 공정함이다. 이런 특징은 예술가보다는 장인과 비평가의 모습에 가깝다. 예술가가 풍부한 감수성과 어린아이처럼 때 묻지 않은 순수함을 갖추어 견지하지 못한다면 예술 작품은 탄생하지 못한다. 예술가가 이 두 가지

면모 가운데 어느 하나라도 놓친다면 작품의 질이 떨어지거나 영영 작품을 내놓지 못하기 쉽다. 따라서 작가의 첫 번째 임무는 성격의 이러한 두 가지 면모를 균형 있게 발전시켜 하나의 통합된 성격으로 녹아들도록 그 둘을 결합하는 것이다. 그런 바람직한 결과에 이르려면 우선 그 둘을 분리해 따로따로 훈련해야 한다!

'인격의 분열'이 늘 정신병 증세를 의미하지는 않는다.

우리는 신문의 일요일 '특집 기사'와 잡지 기사, 나아가 책을 통해 심리학을 물리도록 접한다. 그 결과 '인격의 분열'이라는 말을 듣는 순간 심하게 움츠러든다. 심리 구조에 대한 섣부른 이론을 섭렵한 독자에게 이중 인격자란 정신 병동에 있어야 할 불쌍한 사람을 뜻한다. 아니면 백 번을 양보해서 아무리 좋게 보아도 변덕이 말도 못하게 심한 히스테리 환자로 비춰진다. 작가는 모두 후자에 속한다. 스스로를 정상이라고 자부하는 보통 사람의 눈에 작가가 당혹스럽고 짜증스러운 사람으로 비치는 이유는 바로 이 때문이다. 하지만 성격에 한 가지 이상의 측면이 있다고 해서 무슨 큰 일이 나는 것은 아니다. 천재들의 일기와 편지를 보면 스스로 이중 인격이나 다중 인격을 인정하는 내용이 수두룩하다. 거기에 보면 걸어다니는 보통 사람과 날아다니는 천재가 늘 공존한다. 천재를 둘러싼 이런 일화마다 또 다른 자아, 또는 더 높은 자아를 뜻하는 '알터 에고'(alter ego) 개념이 어김없이 따라다닌다. 우리는 천재의 그러한 증언을 대대손손에 걸쳐 듣는다.

일상에서 접하는 이중 인격의 사례

사실 이중 인격은 천재의 공통점이라고 해도 과언이 아니다. 알고 보면 우리 모두 어느 정도 그런 경향을 보인다. 누구나 한 번쯤은 다급한 상황에 처했을 때 나중에 돌이켜보면 기적이라고밖에 표현할 수 없을 만큼 과감하게 행동했던 경험이 있다. 영국의 심리학자 프레더릭 윌리엄 헨리 마이어스(1843~1901)가 천재의 행동에 대한 자신의 생각을 설명하면서 예로 든 특징이 바로 이런 모습이었다. '새로운 활력'(second wind, 원기 회복)으로도 불리는 이러한 순간에는 오랫동안 힘들게 노력한 끝에 피로가 갑자기 씻은 듯 사라지면서 녹초가 된 몸과 마음에서 새로운 인격이 마치 불사조처럼 생겨나는 경험을 하게 된다. 지지부진하기만 했던 작업이 이때부터 술술 풀리기 시작한다.

    이것보다 눈에는 덜 띄지만 비슷한 경험이 있다. 잠을 자면서 우리는 결정을 내리고 문제를 해결하는 등 훌륭한 결정과 확실한 해결책을 찾아낸다. 이러한 일상의 기적은 모두 천재와 관련이 있다. 그런 순간이면 의식과 무의식이 서로 협력해 최대한의 효과를 발휘한다. 즉 의식과 무의식이 서로를 격려하고 지원하고 보완하면서 완전하게 하나로 통합된 인격으로부터 바람직한 행동을 끌어낸다.

    천재는 한결같이(또는 매우 자주, 또는 별다른 어려움 없이) 이렇게 행동하는 데 비해 보통 사람은 그 횟수가 아주 드물다. 천재는 기회가 왔을 때는 물론이고 스스로 기회를 만들면서 종이나 화폭이나 돌에 그 순간의 경험을 기록한다. 말하자면 천재는 스스로 비상 상황을 만들어 그 안에서 행동한다. 스스로 상황을 만들어 실천하는 이러한 모습이야말로 천재와, 게으르고 겁 많은 그의 동료들이 구분되게 만드는 특징이다.

글을 쓰고 싶다는 생각을 진지하게 해본 사람이라면 누구나 이런 면모를 일정 정도 가지고 있다. 많은 경우 처음에 부딪치는 어려움은 작가의 꿈을 꾸는 바로 그 순간부터 발생한다. 작가로서 첫발을 떼기는 아주 쉽다. 사춘기 때 공상에 잘 빠지고, 책을 좋아하고, 재치 넘치는 표현을 어렵지 않게 곧잘 만들어내면 사람들은 작가라는 결코 만만치 않은 직업을 천직으로 삼아야지 하고 생각한다.

낙담의 수렁

하지만 그러고 나면 작가의 삶이 무엇을 의미하는지에 대해 눈을 뜨기 시작한다. 꿈을 현실로 바꾸려면 그저 꿈을 꾸는 데 머물러서는 안 된다. 꿈을 현실로 바꾸려면 그 꿈이 지니는 매력이 무색할 정도로 눈물겨운 노력이 뒤따라야 한다. 작가는 다른 사람의 이야기를 무작정 받아들여선 안 된다. 모름지기 작가라면 자신만의 이야기를 찾아내 완결지어야 한다. 문체나 정확성만 가지고 겨우 글 몇 쪽 쓴다고 해서 작가가 되는 것이 아니다.

문제, 내용, 설득력을 두루 갖춘 글을 분량에 상관없이 쓸 수 있어야 한다. 초보 작가일수록 이 모두가 그저 어렵게만 보인다. 자신의 미숙함을 생각하면 걱정부터 앞서고, 말할 만한 가치가 있다고 생각되는 말을 과연 한마디라도 제대로 한 적이 있기나 한지 의심스럽다. 하지만 보이지 않는 독자를 생각하면 그는 풋내기 배우처럼 어서 빨리 무대로 나가고 싶다.

이야기를 차분히 기획하는 단계에서는 이야기를 쓰는 데 필요한 거침없는 표현이 창 밖으로 마구 흘러나온다. 그러다 긴장을 놓는 순간 이야기는 갑자기 방향을 잃고 만다. 혹시 쓰는 이야기마다 모두 비슷하지는 않은지 두렵고, 이 이야기를 끝내고 나면 두 번 다시는 이만큼 마음에 드는 이야기를 쓰지 못할까 봐 불안하다. 그는 유명 작가들을 모방하면서 스스로를 괴롭히기 시작한다. 아무리 생각해도 자신에게는 이 작가만 한 유머나 저 작가만 한 독창성이 없기 때문이다. 백 가지 이유를 대며 자신을 의심하는 사이 그의 자신감은 흔적도 없이 사라지고 만다. 자신을 격려해준 사람들이 너무 후하거나, 시장에서 너무 동떨어져 있어 성공하는 소설의 기준을 모르는 것은 아닌지 의심스럽다. 진짜 천재의 작품을 읽어보니 둘의 재능 차이가 그의 희망을 모조리 집어삼키고도 남을 만큼 커 보인다. 그런 상태에서 이따금 자신의 재능이 살아 요동치는 것을 느끼는 순간이면 그렇게 반가울 수가 없다. 이런 기간은 몇 달 또는 몇 년 넘게 이어질 수도 있다.

작가라면 누구나 이러한 낙담의 기간을 경험한다. 전도유망한 작가들은 물론이고 글을 쓰겠다는 생각을 한 번도 해본 적 없는 사람들도 대부분 이 지점에 이르러 직업을 바꾼다. 물론 때로는 영감의 힘에 의지해, 때로는 순전히 끈기에 의지해 낙담의 수렁 맞은편 둑으로 올라서는 사람들도 있다. 그런가 하면 책이나 조언자에게 기대는 사람들도 있다. 하지만 많은 경우 초보 작가들은 자신을 괴롭히는 불안의 원인을 파악하지 못한다. 심지어는 불안의 원인을 엉뚱한 곳에서 찾아 '대화를 쓰는 능력이 부족하기 때문에,' 또는 '줄거리 구성에 약하기 때문에,' 또는 '등장인물에 자연스러움을 불어넣지 못하기 때문에' 좋은 글을 쓰지 못한다고 생각한다. 약점을 극복하려고 갖은 노력을 기울였는데도 어려움이 해결되지 않으면 또 다른 형태의 속아내기가 이루어진다. 이 지점에 이르면 몇몇은 대열에서 이탈하기도 한다. 그런가 하면 끈덕지게 대열에 남아 있는 사람들도 있다. 하지만 이들은 그 사이 불안에 인이 박여 자신의 문제가 뭔지 더 이상 느끼지 못한다.

편집자, 글쓰기 교사, 기성 작가가 그만 포기하라며 아무리 뜯어말려도 이런 유형의 생존자는 끄떡도 하지 않는다. 그가 가장 먼저 깨달아야 하는 것은 그동안 노력도 해볼 만큼 해봤고, 스스로 계획을 세워 단계별로 훈련 과정도 착실히 밟았지만 그 과정이 잘못됐다는 사실이다. 작가의 의식, 다시 말해 작가 안의 장인과 비평가를 훈련하는 방법은 대개 무의식, 즉 예술가에게 유리한 장점에 적대적이다. 물론 이 반대의 경우도 성립한다. 하지만 의식과 무의식이라는 성격의 두 가지 측면이 서로 조화를 이루도록 얼마든지 훈련할 수 있으며, 그러한 훈련의 첫 번째 단계는 한 사람이 아니라 마치 두 사람을 교육하듯 자신을 교육하는 데서부터 출발한다.

1907

마크 트웨인
Mark Twain
1835~1910

3

이중성의 장점

할 말이 없을 때는 침묵하라.
진정한 열정이 솟아오르거든 할 말을 모두 하라.
정열적으로 말하라.
D.H. 로런스

경험이란
그저 자신에게 일어난 일이 아니라
그것에 관여하는 것이다.
올더스 헉슬리

3

스스로 작가 훈련을 해야 하는 이유는 두 가지다. 먼저 이야기 구성 과정부터 살펴보자.

이야기 구성 과정

다른 예술 분야와 마찬가지로 창작도 전인(全人)의 작용이다. 무엇보다도 무의식이 막힘 없이 원활하게 흐르면서 무의식 깊은 곳에 저장되어 있는 기억, 감정, 사건, 장면, 성격과 관계의 의미를 모두 불러내야 한다. 그와 동시에 의식은 무의식의 흐름을 방해하지 않으면서 이러한 자료들을 관리하고, 통합하고, 추려내야 한다. 무의식은 작가에게 전형적인 인물, 전형적인 장면, 전형적인 감정 반응 등 모든 종류의 '전형'을 제시한다. 그런 가운데 의식은 예술 소재로 삼기에 너무 개인적인 내용은 무엇인지, 또 예술 소재로 삼기에 충분히 보편적인 내용은 무엇인지를 결정하는 임무를 맡는다. 아울러 인물이 지나치게 보편적일 경우에는 이런저런 특징을 추가해 개성을 부여하는 작업이 필요할 수도 있다. 소설이 현실성을 띠려면 전형적인 형식에 인간성을 불어넣는 이러한 작업이 반드시 필요하다.

　작가의 무의식에는, 이렇게 표현해도 될지 모르겠지만, 저마다의 전형적인 이야기가 자리하고 있다. 개인의 역사에 따라 작가는 어떤 문제는 실제보다 부풀려서 보는 반면, 또 어떤 문제는 완전히 간과하는 경향이 있다. 마찬가지로 도달할 수 있는 최대의 행복과 개인의 안녕에 대한 생각도 작가마다 다르다. 하지만 기본적인 측면에서 모든 작가의 이야기는 서로 비슷하다. 물론 그렇다고 어느 이야기나 단조롭게 한 가지 색깔만 띤다는 소리는 아니지만 이 점을 늘 염두에 두면서 새로 구상하는 이야기마다 놀랍고 참신한 요소를 도입하도록 노력해야 한다.

    사물을 전형화해서 보려는 무의식의 경향 때문에 결국은 무의식이 이야기의 형식을 지배하게 된다. (하지만 이런 일은 한참 뒤에 일어난다. 여기서 명심해야 할 점은 줄거리 구성에 대해 아무리 공부를 많이 한다 하더라도 이는 시간 낭비일 뿐이라는 사실이다. 물론 경우에 따라선 번득이는 생각이 떠오를 수도 있고, 특정 시기의 인기 있는 이야기를 골라 해당 작가가 구사하는 글쓰기 방식을 요모조모 따져보는 것이 도움이 될 수도 있다. 하지만 그 방식이 학생에게 맞지 않는다면 주어진 방식을 본보기로 삼아 글을 쓰는 훈련은 아무런 소용이 없다.) 어쨌든 이야기는 무의식 안에서 일어난다.

    그러고 나면 의식 안에서 때로는 아주 어렴풋하게, 또 때로는 놀랍도록 분명하게 이야기가 모습을 드러낸다. 일단 이야기가 모습을 드러내면 의식은 철저히 분석하고, 곁가지를 쳐내고, 다듬고, 내용을 보강하고, 눈길을 끄는 요소를 덧붙이거나 멜로드라마 요소를 줄여나간다. 그러고 나면 이야기는 다시 무의식 속으로 들어가 최종 통합 작업을 거친다. 무의식의 이러한 작용은 한동안 매우 격렬하게 전개되지만 너무 깊숙한 곳에서 이루어지기 때문에 작가 자신은 가끔 자신의 생각을 '잊어버렸거나' 또는 '잃어버렸다'고 생각한다. 그 기간이 끝나면 이야기는 다시 무의식에 신호를 보내 통합 작업이 마무리됐다고 알린다. 이때부터 본격적으로 이야기를 쓰는 작업이 시작된다.

타고난 작가

천재 또는 '타고난 작가' 안에서는 이러한 과정이 너무나 평온하고 신속하게 진행되기 때문에 그렇게 압축된 설계로는 이야기의 흐름을 제대로 표현하지 못할 것처럼 보인다. 하지만 우리가 명심해야 할 점이 있다. 즉 천재는 남다른 기질이나 훈련을 통해 자신의 무의식을 의식 작용과 상관없이 자신의 합리적인 의도에 완전히 이바지하게 할 수 있는 사람이다. 이 말은 나중에야 입증된다. 왜냐하면 작가를 양성하는 과정은 타고난 작가가 저절로 하는 일을 숙련을 통해 초보자도 할 수 있도록 가르치는 과정이기 때문이다.

무의식과 의식

무의식은 수줍음이 많고 잘 잡히지 않고 다루

기도 힘들지만 노력하면 얼마든지 길들일 수 있다. 의식은 잘 따지고 고집이 세고 오만하지만 이 역시 훈련을 통해 타고난 재능에 힘을 보태도록 만들 수 있다. 마음의 이 두 가지 기능을 가능한 한 서로 멀리 떨어뜨려놓는 법을 터득한다면, 이 둘을 동일한 마음의 두 측면이 아니라 서로 별개인 인격으로 바라보는 법을 터득한다면 일종의 모의 작업 상태에 이를 수 있다. 그럴 경우 실제로 일을 하든 하지 않든 우리 자신을 단련하는 데 말할 수 없이 큰 도움이 된다.

작가 안의 두 사람

따라서 한동안은 의식의 힘을 빌려서라도 스스로를 한 사람 안에 있는 두 사람으로 생각할 필요가 있다. 우선, 일상의 문제들에 정면으로 맞서는 고리타분하고 현실적인 인물이 있을 것이다. 이 인물은 그 무신경함을 상쇄하고도 남을 만큼 많은 장점을 지니고 있다. 이 인물의 경우 이지적인 비평 능력, 공정함, 끈기를 배워야 한다. 아울러 그와 동시에 이 인물의 최우선 임무는 예술가 자아에게 바람직한 환경을 조성해주는 것이라는 점을 명심해야 한다.

반면 이중 인격의 또 다른 반쪽은 민감하고, 열정적이면서, 종잡을 수 없을 가능성이 높다. 이 인물이 그러한 특징을 일상 세계로 끌고나가게 해선 안 된다. 점잖은 측면이 이성이 필요한 상황에서 감정적으로 대처해 고초를 겪게 하거나, 엄격한 관찰자의 눈에 우스꽝스럽게 보이게 해서도 안 된다.

투명 장벽

이중 인격을 통해 얻는 가장 큰 이익은 그대와 세상 사이에 투명한 장벽을 세우게 된다는 점이다. 이 장벽 뒤에서 그대는 자신의 속도에 맞게 예술가로 성숙해 나갈 수 있다. 요즘은 보통 사람들도 글을 많이 쓰는 편이지만 작가의 삶을 그리 탐탁하게 여기지는 않는다. 안타깝게도 상상력이 부족한 시민은 '말을 실에 꿰는' 일로 이름도 떨치고 생활도 영위하고 싶다고 말하면 코웃음을 친다. 그는 아는 사람이 글로 세상의 인정을 받기로 결심했다고 선언하면 주제넘다고 생각하면서 인정사정 없이 놀려댄다. 상상력과 담을 쌓은 사람들의 이러한 사고방식을 바로잡으려 들 것 같으면 평생 바쁘게 지내야 할 만큼 그럴 기회는 많다. 하지만 엄청난 활력을 지니고 있다면 모를까, 그러다 보면 글 쓸 여력이 남아나지 않을 것이다.

보통 사람들은 성공한 작가를 보면 아이처럼 호들갑을 떤다. 그의 존재에 압도당하면서도 몹시 불편해한다. 그들이 보기에 마법이 개입하지 않고서야 자기와 똑같은 인간이 그렇게까지 현명할 리가 없다. 그들은 자의식을 발동해 전혀 뜻밖의 행동을 취하거나 얼어붙은 듯 그 자리에서 꼼짝도 하지 않는다. 만약 그들을 놀라게 한다면 그대는 소재거리 하나를 놓치게 된다. 다음의 충고는 좀 야비하지만 그렇다고 사과할 마음은 없다. 자신의 의도에 충실하라, 그렇지 않으면 소재거리를 겁주어 쫓아버리게 된다.

결심을 지키라

작가는 다른 예술 분야의 초보자는 겪지 않는 불리한 처지에 놓여 있다. 작가는 일상적인 대화, 다정한 편지, 사무 편지를 매체로 사용한다. 다시 말해 일반인에게 깊은 인상을 심어줄 수 있는 도구가 작가에게는 없다. 요즘은 다들 들고 다닐 수 있는 타자기를 가지고 있기 때문에 젊은 작가에게는 자신의 직업을 알릴 만한 징표가 없다. 악기, 캔버스, 점토는 그 자체로 설득력을 지니면서 그 방면의 문외한에게 보는 것만으로도 신기하다는 느낌을 준다. 목소리만 해도 누구나 성악가처럼 훌륭한 목소리를 내지는 못한다. 글을 쓰겠다는 결심을 선불리 입 밖으로 꺼낼 경우 이름이 거듭 인쇄되어 나오기 전까지 그대의 노력은 놀림감이 되기 십상이다. 그러니 대부분의 초보 작가들은 다른 분야의 예술가들이 하는 행동을 따라하는 편이 이로울 것이다. 개인적인 용도로 사용하거나 호의 어린 관객 앞에 설 때가 아니면 바이올리니스트는 바이올린을 가지고 다니지 않고, 화가는 물감과 붓을 가지고 다니지 않는다. 작가도 최소한 자신감이 생길 때까지는 이처럼 신중하게 행동하는 것이 좋다.

작가가 자신의 직업을 밝히지 않는 중요한 심리적 이유 한 가지는 그렇게 할 경우 단순히 그 선에서 그치는 것이 아니라 쓰려고 마음먹은 것들을 이야기하게 될 확률이 높기 때문이다. 말이 작가의 매체인 만큼 작가는 말을 효율적으로 사용한다. 하지만 (작가의 희망적인) 무의식은 작가가 구사하는 말이 글로 쓰이든 입을 통해 전달되든 개의치 않는다. 당분간은 운이 좋아 관객이 호응을 보인다 하더라도 많은 경우 나중에는 그 때문에 고통을 받는다. 이야기를 만들어 세상에 선보이면 동의의 형태로든 반박의 형태로든 수확을 거두어들이게 된다. 어떤 경우든 작가는 자신의 목적을 달성하는 셈이 된다. 그러고 나면 작가는 이야기를 길게 써야 하는 그 힘겨운 과정을 더 이상 계속하고 싶지 않을 수도 있다. 무의식에서는 글쓰기가 고루한 일이라고 여길지도 모른다. 글쓰기에 대한 싫증을 극복한다 하더라도 자기도 모르는 사이에 이를 맥 빠지고 재미없는 일이라고 생각할 가능성이 높다. 따라서 침묵을 현명하게 활용하는 법을 배워야 한다. 초고를 어지간히 완성하고 나서 사람들에게 보여주고 비평과 충고를 구하는 것은 상관없지만 너무 일찍 말하게 되면 오히려 부작용을 낳는다.

스스로를 한 사람 안의 두 사람으로 생각할 때 얻게 되는 이점은 또 있다. 예민하고 기분에 쉽게 좌우되는 자아가 바깥 세상, 즉 편집자나 글쓰기 교사나 친구들과 관계를 맺어야 하는 부담을 지게 해서는 안 된다. 제안이나 비판이나 거절에는 현실적인 자아를 세상에 내보내 대처하게 해야 한다. 출판사의 거절 쪽지는 고리타분한 자아만 읽도록 주의해야 한다! 비판과 거절이 모욕은 아니지만 예술가의 자아는 그 점을 알지 못한다. 비판과 거절 앞에서 그대의 예술가 자아는 겁을 집어먹고 잔뜩 움츠러든 채 숨을 곳을 찾아 달아나고 만다. 그럴 경우 사물을 관찰하면서 이야기를 엮어내고 수천 가지 감정의 기미를 담아내는 표현을 찾아서 이야기를 끌어나가는 그 자아를 다시 불러내는 데 애를 먹게 될 것이다.

자신의 '절친한 친구이자 가혹한 비평가'

또 한 가지 이유는 작가의 글을 쓰는 자아는 본능과 감정에 치중하기 때문이다. 자칫 방심할 경우 작가는 자신의 재능을 끊임없이 채워넣고 자극하는 삶보다는 아무 고민 없이 그저 편하기만 한 삶에 빠져들기 쉽다. '예술가 기질'은 대개 공상 속에서 스스로를 연마하고 고독 속에서 즐길 때 완전하게 발현된다. 그런 가운데 어쩌다 가끔 글을 쓰고 싶다는 충동이 저절로 표면으로 떠오른다. 일과 생활 환경 마련을 자신의 본성 중 좀 더 민감한 쪽에 맡길 경우 그대는 자신이 타고난 재능을 보여주지 못한 채 눈을 감을지도 모른다. 따라서 처음부터 자신은 행동의 변덕에 좌우되기 쉽다는 점을 직시하고 자신을 객관적으로 파악하는 것이 좋다.

그러다 보면 자신의 충동 중에서 일관된 성격을 지니는 부분은 무엇이고, 자신을 타성과 침묵의 늪에 빠뜨리는 부분은 무엇인지를 알게 된다. 처음에는 몸에 밴 성향과 습관 때문에 자신을 끊임없이 탐색해야 한다는 것이 몹시 지겹게 느껴질 것이다. 하지만 시간이 지나면 제2의 천성을 발견하게 될 것이다. 물론 나중에는 그 일을 무척 즐기게 될 것이다. 자신에 대한 분석이 결실을 맺고 나면 그러한 비판 어린 시각을 거두어들여야 한다. 간단히 말해 작가는 자신의 절친한 친구이자 가혹한 비평가가 돼서 때로는 성숙하게, 때로는 너그럽게, 때로는 엄격하게, 때로는 유연하게 스스로를 대하는 법을 익혀야 한다.

자신에게 맞는 취미

하지만 스스로에게 단지 엄격하고 근엄하기만 한 선배가 아닌 둘도 없이 절친한 친구가 되도록 신경 써야 한다. 자신에게 무엇이 가장 좋은 자극이고, 가장 좋은 즐거움이고, 가장 좋은 친구인지를 알 수 있는 사람은 자신밖에 없다. 어쩌면 음악이(음악에 대해 아는 게 거의 없다 하더라도) 알게 모르게 마음을 움직여 그대를 타자기 앞에 앉게 하는 데 효과를 발휘할 수도 있다. 그 경우 음악을 찾아내 들려주면서 뜻밖에도 교향곡이나 흑인 영가를 좋아하는 자신의 취향이 의심스러워 뒤로 물러나지 않도록 그대를 독려하는 일은 그대의 성숙한 자아의 몫이 될 것이다.

친구와 책

친구들도 작가에게 도움이 될 수 있다. 하지만 그 반대가 될 수도 있다. 너무 과도한 사교 생활은 이제 막 꽃피기 시작한 재능에 자칫 크게 독이 될 수 있다. 집단이나 개인이 작가로서의 그대에게 어떤 영향을 미치는지는 오로지 성찰을 통해서만 알 수 있다. 그대를 지겹도록 떠받드는 따분한 영혼이나 그대를 짜증나게 만드는 똑똑한 친구를 만나는 일은 어쩌다 가끔만 스스로에게 허용하는 매우 특별한 형태의 방종으로 여겨야 할지도 모른다. 무신경한 친구와 저녁을 보내고 나서 세상이 메마르고 시시한 곳이라는 기분이 들거나, 총명한 지인의 무뚝뚝함에 화가 치민다면 그들에게 아무리 따스한 감정을 품고 있다 하더라도 글쓰기를 배우는 동안에는 자주 만나지 않는 것이 좋다. 딱히 이유는 알 수 없지만 함께 있으면 활기가 넘쳐나거나 착상이 마구 떠오르거나, 왠지 모르게 자신감과 글을 쓰고 싶다는 열의를 불러일으키는 사람을 찾는 것이 좋다.

그런 사람을 찾을 만큼 운이 좋지 못하다면 도서관에 가보라. 서가에서 어지간한 대역을 발견하게 될 테니. 때로 그 대역은 아주 기이한 복장을 하고 있다. 내가 가르쳤던 학생 중에 의학 사례 보고서에 푹 빠진 이가 있었다. 그런가 하면 또 어떤 학생에게선 모욕적일 만큼 간단한 내용인데도 본인은 거의 이해하지 못하는 대중 과학 잡지를 몇 시간씩 붙들고 있다 보면 정제되고 어려운 사실들을 너무 많이 습득했다는 기분이 들어 상상력이 가득 넘치는 글로 균형을 회복하려고 집으로 달려가곤 한다는 말을 듣기도 했다.

내가 아는 대중 작가 중에는 존 골즈워디(1867~1933, 1932년에 노벨 문학상을 수상한 영국의 극작가 겸 소설가)의 작품을 싫어하면서도 골즈워디의 운율 속에 있는 뭔가에 끌려 글을 쓰고 싶다는 갈망을 느끼는 이가 있다. 그는 『포사이트가의 이야기(*The Forsyte Saga*)』(1922)를 몇 쪽 읽고 나면 '안에서 웅성대는 소리'가 들리면서 곧이어 문장이 쉴 새 없이 떠오른다고 주장한다. 반면 그는 자신이 현대 유머 소설의 거장이라고 여기는 펠럼 그렌빌 우드하우스(1881~1975, 영국 출신의 미국 소설가)의 작품을 읽으면 자신의 글이 너무 한심하게 느껴져 절망의 수렁에 빠지기 때문에 손에 뭘 들고 있든 그 일을 끝낼 때까지는 우드하우스의 작품은 쳐다보지도 않는다고 말한다. 시간을 두고 지켜보면서 어떤 작가가 자신에게 자양분이 되고, 또 독이 되는지를 파악하라.

실제로 글을 쓸 때는 비평가 자아가 곁에 오게 해선 안 된다. 반복을 사용하거나, 너무 장황하게 늘어놓거나, 대화가 옆길로 새는 경향과 같은 문제들에 대해 끊임없이 잔소리를 해대기 때문이다. 자아의 이 부분은 나중에 원고가 완성됐을 때 불러내도 늦지 않다. 그때 이 자아의 도움을 받아 원고를 좋은 쪽으로 수정하면 된다. 하지만 글을 쓸 때는 생각의 최전선에서 경계를 늦추지 않고 세밀하게 살피는 이성적인 비평가는 혼란만 초래할 뿐이다. 작가 안에 있는 이야기꾼의 성향이 승기를 잡는 순간에 비평가에게 조언을 구하게 되면 자신의 능력에 대한 회의가 밀려들면서 의식이, 더없이 훌륭한 이야기로 발전할 수도 있는 착상에 관보처럼 침묵을 드리운다. 물론 처음에는 문장마다, 거의 모든 단어마다 쉴 새 없이 가해지는 판단을 저지하기가 쉽지 않다. 하지만 일단 이야기의 흐름이 웬만큼 자리잡고 나면 비평가는 흐뭇하게 자기 차례를 기다릴 것이다.

오만한 이성

이성만큼 오만한 것도 없다. 앞에서도 살펴보았듯이 글쓰기 기교를 너무 진지하게 공부할 경우에 빠질 수 있는 위험 중 하나는 스스로를 무슨 대단한 작가로 여기는 이성의 착각이 굳어진다는 점이다. 실은 그렇지 않은데도 말이다. 이성의 역할은 반드시 필요하긴 하지만 부차적이다. 이성은 본격적인 글쓰기 기간 이전과 이후에 모습을 드러낸다. 이 기간에 이성을 제어하지 못하면 이성은 소재를 간섭하고 나서거나, 등장인물을 (대개 부자연스럽고 진부하게 보이게 하는) '문어투'로 만들거나, 작가의 의식 속에 처음 모습을 드러냈을 때만 해도 가능성이 매우 많아 보였던 이야기를 틀에 박혔다느니 이상하다느니 불평하면서 작가에게 사이비 해결책을 끝도 없이 쏟아놓을 것이다.

다투지 않는 두 자아

그런데 이제 나는 작가의 이 두 자아가 서로 싸우는 것처럼 보이게 할 수도 있는 위험에 처했다. 실은 그 반대인데도 말이다. 두 자아가 각기 자신의 위치를 찾아 자기한테 맞는 기능을 수행하게 되면 손을 맞잡고 밀어주고 끌어주면서 끊임없이 서로 응원하고 격려하고 다독인다. 그 결과 두 자아는 예전에 비해 몰라보게 균형 잡히고, 성숙하고, 활기 넘치고, 진득한 인격으로 통합된다. 물론 두 자아가 서로 싸울 때면 우리는 불행한 예술가가 될 수밖에 없다. 자신의 기질이나 말짱한 판단을 거스르거나, 심지어 딱하게도 작업을 하지 못하는 예술가는 불행할 수밖에 없다. 가장 부러움을 많이 받는 작가는 자신의 성격에는 서로 다른 측면이 있다는 점에 자연스럽게 주목하면서 때로는 이런 측면에, 또 때로는 저런 측면에 자신을 내맡기고 생활하며 일할 수 있는 사람이다.

첫 번째 연습 문제

이제, 연습 문제로 가득 채워지게 될 책의 첫 번째 연습 문제를 풀 차례다. 이 연습 문제의 목적은 그대 자신을 객관적으로 바라보는 것이 얼마나 쉬운 일인지를 깨닫는 데 있다.

그대는 문 가까이 있다. 이 장의 끝에 이르거든 책을 한쪽으로 밀쳐두고 자리에서 일어나 그 문을 지나라. 문지방 위에 올라서는 순간부터 자신을 관찰 대상으로 삼으라. 거기 서 있으니 자신의 모습이 어떻게 보이는가? 걸음걸이는 어떤가? 스스로에 대해 아는 것이 하나도 없다면 자신의 성격에 대해, 자신의 배경에 대해, 지금 이 순간 그곳에 있는 목적에 대해 생각하라. 방에 맞이해야 할 사람들이 있다면 그들을 어떻게 맞이하고 있는가? 사람들을 대하는 그대의 태도에 어떤 변화가 있는가? 나머지 사람들보다 어느 한 사람에게 유독 애정과 관심을 보이지는 않는가?

이 연습 문제의 배후에 깊고, 어둡고, 은밀한 목적 따위는 없다. 이 연습 문제는 자기 자신을 객관적으로 바라보면서 마음에서 자신을 내쫓았을 때 거기서 얻을 수 있는 것이 무엇인지를 배우는 첫걸음에 해당한다.

다음 번에는 자리에 편하게 앉아 아무 동작도 하지 말고 자신이 머리를 빗을 때의 모습을 자세하게 설명해보라.(생각보다 어려울 것이다.) 그런 다음 무슨 일이든 상관없으니 자신의 아주 사소한 일상을 따라가보라. 그러고 나서는 전날의 일화 하나를 골라 그 시점으로 거슬러 올라갔다가 빠져나오면서 자신의 모습이 어떤지 관찰하라. 또 다음에는 약간 높은 곳에서 자신을 하루종일 따라다닌다고 가정하고 자신이 어떻게 보일지 생각해보라. 소설가의 눈을 이용해 집에서 나가고 들어올 때, 거리를 올라가 가게에 들를 때, 하루를 마감하고 집으로 돌아올 때 자신의 모습이 어떨지 그려보라.

1919

존 골즈워디
John Galsworthy
1867~1933

4

습관에 관한 조언

습관은 필요하다.
새로운 습관을 갖는 것도 습관이고
식상한 습관을 버리려고 발버둥 치는 것도
습관이기 때문이다.
이디스 워턴

습관은 습관이라서
창문 밖으로 집어 던질 수 있는 것이 아니다.
하지만 잘 구슬리면
한 번에 한 계단씩 내려가게 만들 수는 있다.
마크 트웨인

4

우리는 대개 좋은 의도로 자신의 애초 목적이 무색할 만큼 열과 성을 다해 새로운 습관을 익히거나 옛날 습관을 뿌리째 뽑는 일에 매달린다. 이 장에서 혹시 충고를 접하거든 간곡히 당부하건대 허리를 꼿꼿이 펴고 이를 갈면서 두 주먹을 불끈 쥔 채 결연한 표정으로 당장 실천에 옮기는 짓은 제발 하지 말기 바란다.

힘을 아끼라

간단한 일에도 우리는 처음에 마음먹은 것보다 세 배는 더 큰 결과를 내기 위해 힘을 낭비하는 경향이 있다. 이는 아주 쉬운 일에서부터 까다롭기 그지없는 없는 일에 이르기까지, 그리고 정신력은 물론이고 체력에도 해당되는 이야기다. 예를 들어 계단을 오르면서 우리는 마치 자기 영혼의 구세주가 계단 꼭대기에 있기라도 한 듯 온 근육과 기관을 동원해 오른다. 그러고는 들인 노력에 비해 막상 돌아오는 것은 형편없다며 분개한다. 어찌 된 영문인지 아무 이득도 없는 활동에 우리가 사용할 수 있는 것보다 훨씬 더 많은 힘을 쏟아야 직성이 풀린다. 다들 닫혀 있는 듯이 보이는 문을 필요 이상으로 힘껏 밀었다가 그 옆방으로 쿵 자빠진 경험이 있을 것이다. 언뜻 무거워 보이는 물건을 힘주어 집었는데 실은 가벼웠던 적도 있을 것이다. 이런 경우에는 한 걸음 뒤로 물러나 균형을 회복해야 한다.

상상력 대 의지: 습관을 바꿀 때

특히 정신력이 필요한 일일 경우 가능한 한 자주 의지를 서서히 끌어올리는 것이 중요하다는 유치한 생각 때문에 길을 잃고 헤맬 때가 많다. 하지만 습관을 바꿀 때 우리의 성격이 보유하고 있는 가장 화력이 센 총을 무작정 빼들기보다 그 과정에 상상력을 활용한다면 효과가 훨씬 더 빠르게 나타나면서 '부작용'은 적은 결과를 얻게 될 것이다.

그렇다고 의지를 포기하라는 소리는 아니다. 물론 걸려 있는 문제와 관련해 의지를 있는 대로 몽땅 발휘해야만 비로소 성과를 거둘 때도 더러 있다. 하지만 상상력은 우리가 흔히 알고 있는 것보다 우리의 삶에서 훨씬 더 큰 역할을 맡는다. 교사라면 아이가 달라지는 데 상상력이 얼마나 큰 도움이 되는지 잘 알고 있다.

오래된 습관 버리기

오래된 습관일수록 끈질기고 질투가 심하다. 미리 선전포고를 할 경우 오래된 습관은 쉽게 물러나지 않는다. 오히려 교묘한 설득력을 앞세워 맞서려 든다. 그런가 하면 너무 철저하게 공격할 경우에는 복수를 해온다. 하루나 이틀쯤 노력이 기가 막히게 먹히고 나서 우리는 새로운 방법이 자신에게 맞지 않는 온갖 이유나, 이런저런 오래된 습관과 보조를 맞추면서 변화를 꾀해야 하거나 완전히 포기해야 하는 온갖 이유를 들이댄다. 그러다 결국에는 새로운 충고가 아무 소용이 없어지게 된다. 대신 시도는 좋았지만 실패했다는 생각이 고개를 쳐든다. 그 이유는 계획이 자신에게 맞는지 아닌지 미처 파악하기도 전에 기력이고 목적 의식이고 모두 소진하기 때문이다.

습관을 바꾸겠다는 생각을 실천으로 옮기는 데 이런저런 권고와 설명보다 훨씬 더 유익할 것 같아 아주 간단하면서도 약간 색다른 방법을 소개하니 참고하기 바란다.

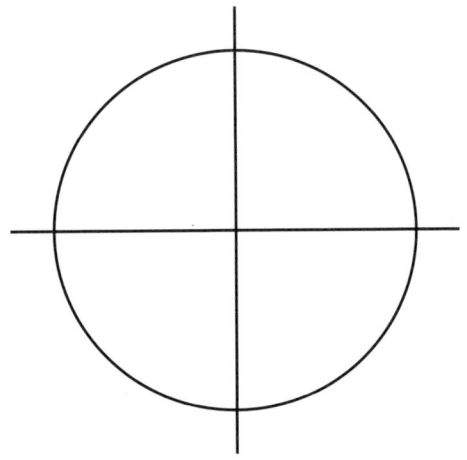

모의 실험
먼저 큰 컵 밑바닥이나 둥그런 물체를 사용해

종이에 원을 그린다. 그런 다음 원을 가로세로로 지나는 십자가를 긋는다. 4인치(약 10센티미터) 길이의 끈에 무거운 고리나 열쇠를 묶는다. 끈을 십자가 교차점 위 1인치(약 2.5센티미터) 지점에 드리워 고리가 추처럼 매달려 있게 한다. 이제 원 주위를 돈다고 생각한다. 눈으로 원 주위를 따라가면서 고리와 끈은 완전히 무시한다.

그러면 잠시 후 고리가 시선이 움직이는 방향으로 빙글빙글 돌기 시작할 것이다. 처음에는 고리가 그리는 원이 매우 작을 테지만 시간이 지날수록 원이 점점 커질 것이다. 그런 다음에는 마음속으로 방향을 바꾸어 반대 방향으로 원 주위를 따라가보라.…… 이제 수직선 위아래로 시선을 움직이라. 여기에 성공했으면 수평선으로 바꾸라. 이렇게 시선의 움직임을 바꿀 때마다 고리는 잠시 멈추었다가 자신이 생각하는 방향으로 움직이기 시작할 것이다.

전에 이 실험을 해본 적이 없다면 결과에 뭔가 이상한 점이 있다고 느낄지도 모르겠다. 하지만 이상한 점은 없다. 이 간단하고도 쉬운 방법을 통해 우리는 상상력이 행동의 영역에서 얼마나 중요한 비중을 차지하는지 알 수 있다. 미세한 불수의 근(의지와 상관없이 스스로 움직이는 근육—옮긴이)이 우리를 대신해 임무를 수행한다. 짐작하겠지만 의지는 이 일에 거의 개입하지 않는다. 몇몇 프랑스 심리학자들은 이런 모의 실험을 통해 '신앙 요법'의 효과를 관찰한다고 말한다. 적어도 이 실험은 일상 생활에 변화를 가져오는 데 온 신경과 근육을 팽팽하게 긴장시킬 필요는 없다는 점을 보여준다.

올바른 사고 틀

따라서 이 책의 연습 문제를 풀 때도 마음을 느긋하고 즐겁게 먹고 자신이 가고자 하는 방향으로 천천히 나아가는 것이 좋다. 실험을 하면서 잠시 자신을 살펴보라. 이 방법을 통해 몇 번 성공을 거두고 나면 성공 횟수를 무한대로 늘릴 수 있다는 점을 깨닫게 될 것이다. 사소한 불편과 습관의 방해는 온전하고 효과적인 삶을 꾸려나가는 데 필요한 요소라고 생각하라. 불쑥불쑥 떠오르는 어려움은 당분간 모두 잊어버리거나 무시하라. 훈련 기간에는 실패의 가능성은 아예 생각하지도 말라. 지금 단계에서는 자신에게 작가로서의 성공 가능성이 있는지 여부를 공정하게 평가할 입장이 못 된다는 점을 명심하라. 조금만 더 지나면 지금은 어렵거나 도저히 불가능해 보이는 일들이 제대로 보일 것이다. 시간이 지나면 시시때때로 스스로를 평가하면서 자신에게 쉬운 일은 무엇이고 부족한 점은 무엇인지를 짚어내는 안목이 생길 것이다. 그때 가면 이런 명확한 결점을 바로잡기 위해서는 어떤 단계를 밟아야 할지가 눈에 보이면서 낙담하거나 허세를 부리지 않고도 자신에게 이로운 방향으로 길을 잡을 수 있을 것이다.

1934, photo by E. O. Hoppe

길버트 키스 체스터턴
Gilbert Keith Chesterton
1874~1936

5

무의식의 활용

일을 즐길 수 있는 비결은 잘하는 것이다.
또한, 일을 잘하고 싶으면 즐겨라.
펄 벅

좀더 많은 시간은 필요치 않다.
시간은 늘 있다.
아널드 베닛

5

우선 무의식이 글쓰기의 수로로 흘러들도록 가르쳐야 한다. 우리가 별 생각 없이 무의식이 이렇게 또는 저렇게 하도록 '가르친다'는 표현을 쓴다고 해서 심리학자들이 들고일어나지는 않을 것이다. 사실상 우리는 일상적으로 무의식을 가르치기 때문이다. 격조는 떨어지지만 좀더 정확하게 말하면 무의식을 글쓰는 팔에 붙잡아매는 것이 작가가 되는 첫 단계다.

무언의 공상

소설 같은 생각에 완전히 사로잡히는 사람들

은 대개 어린 시절에 못 말리는 공상가들이었거나 지금도 그렇다. 거의 매순간 그들은 어느 정도는 공상에 깊이 빠져 지낸다. 때로 이 공상은 매일 또는 매순간 삶을 마음의 갈망에 가까운 형태로 바꾸어놓는다. 즉 대화와 줄거리를 재구성함으로써 우리는 마치 불꽃처럼 우리 주위를 떠도는 색채와 쏟아지는 명언들을 표현하거나, 좀더 단순하고 행복했던 시절로 돌아가는 상상을 한다. 모험이 다음 모퉁이를 돌아 우리에게 다가오는 가운데, 우리는 마음속으로 이미 그 모험이 취하게 될 형태를 결정한다. 거칠 것 없이 당당한 주인공이 되어 보는 이런 천진하고 기분 좋은 꿈이야말로 바로 소설의 재료, 그중에서도 가장 으뜸가는 재료다.

하지만 조금씩 세상 물정을 익혀 경험이 쌓이면서 우리는 고통 없이 현실에서 월계관을 차지한다는 것은 불가능하다는 사실을 깨닫는다. 주인공이 치러야 하는 갈등이 너무 많다. 그래서 분별력과 기교를 배워 내용을 약간 바꾼다. 즉 우리에게 그렇게나 많은 기쁨을 안겨줘온 이상적인 자아를 객관화해 제3자의 시각에서 글을 쓴다. 그러면 우리처럼 남몰래 그런 꿈을 꾸는 수많은 동료들은 우리의 소설 속 등장인물들에서 자신의 모습을 발견하고는, 삶의 피로나 현실 인식이 화려한 외양 아래 감추어진 자신의 진짜 모습을 보는 능력을 앗아갈 때마다 독서삼매경에 빠진다. (이것이 사람들이 책을 읽는 유일한 이유가 아니라 가장 흔한 이유라니 얼마나 다행인가.)

어린 시절을 미지의 나라 곤달랜드에서 보낸 브론테 자매(영국 소설가 샬럿, 에밀리, 앤), 유년기의 올컷 자매(미국 소설가 루이자 메이 올컷과 그녀의 세 자매), 젊은 시절의 로버트 브라우닝(1812~1889, 영국 시인), 그리고 허버트 조지 웰스(1866~1946, 영국 소설가)는 모두 커서까지 철저히 꿈꾸는 삶을 살면서 그 꿈을 또 다른 형태로 발전시켰다. 이 밖에도 유년기를 꿈꾸며 보낸 작가들은 수두룩하다. 하지만 작가로 성장하지 못한 사람들이 훨씬 더 많다. 자의식이 너무 강하거나, 너무 겸손하거나, 한가롭게 꿈을 꾸는 습관에 빠지기에는 너무 성실하기 때문이다. 어쨌든 우리는 대개 엄청난 공을 들여 간단한 말 몇 마디를 출간할 수 있기 이미 오래전부터 자기 이야기를 하기 시작한다. 그러니 입심 좋은 무의식이 이야기를 글로 옮겨야 하는 고역 앞에서 뒷걸음치는 것은 당연한 일이다.

쉬운 글쓰기

글을 쓰려면 길들지 않은 근육을 써야 할 뿐만 아니라 고독과 칩거를 감수해야 한다. 소설을 쓰고자 한다면 언론계에 들어가 도제살이를 해야 한다는 충고를 아마 귀가 따갑게 들었을 것이다. 그러니 굳이 나까지 가세할 필요는 없을 듯하다. 하지만 기자라는 직업에서는 작가라면 누구나 배워야 하는 두 가지 가르침을 얻을 수 있다. 즉 지치지 않고 오랫동안 글을 쓰는 것이 가능하다는 사실과, 첫 번째 힘든 고비를 넘기면 갑자기 활력이 샘솟으면서 이른바 '새로운 활력'의 상태에 이른다는 점이다.

타자기가 등장하면서 작가의 상황은 깃털 달린 펜대를 사용하던 옛날보다 더 어려워졌다. 타자기가 아무리 편리하다 하더라도 타자를 치려면 근육의 긴장이 따를 수밖에 없다. 작가라면 누구나 알고 있듯이 타자기 앞에 오래 앉아 있다 보면 근육이 뻣뻣해지고 욱신거린다. 게다가 글쇠에서 나는 달가닥거리는 소리에 주의를 집중할 수가 없고, 샤프트가 끊임없이 춤을 추어대며 고무 롤러에 부딪치는 모습을 보는 것도 여간 신경에 거슬리지 않는다. 하지만 타자기를 사용하든 손으로 쓰든 제2의 천성으로 굳어지면 근육의 긴장 때문에 속도를 늦추거나 아예 글을 쓰지 못하는 일이 없게 된다.

따라서 무의식의 비옥한 자양분이 주는 혜택을 온전히 누리려면 무의식이 기선을 잡았을 때 힘들이지 않고 쉽게 글을 쓰는 법을 배워야 한다.

이러한 방법을 터득하려면 평소보다 30분이나 한 시간 일찍 일어나는 것이 가장 좋다. 일어나자마자 말을 하거나, 조간 신문을 읽거나, 전날 밤 치워두었던 책을 집어들지 말고 글을 쓰기 시작하라. 머릿속에 떠오르는 대로 아무 내용이나 쓰라. 기억할 수 있다면 간밤에 꾼 꿈도 좋고, 전날 했던 활동도 좋고, (실제든 상상의 산물이든) 대화도 좋고, 양심의 성찰도 좋다. 어떤 종류든 상관없으니 이른 아침의 공상을 비판의 시각을 들이대지 않고 빨리 쓰는 것이 관건이다. 글의 우수성이나 궁극적인 가치는 아직 중요하지 않다. 나중에는 이러한 내용 속에서 기대 이상의 가치를 발견하게 되겠지만 지금 단계에서 일차 목적은 불후의 명구를 만들어내는 것이 아니라 순전히 헛소리만 아니면 되는 글을 쓰는 데 있다.

이런 식으로 자신의 행동을 기록하면서 수면 상태와 깨어 있는 상태의 중간 지대에서 쉽게 글을 쓸 수 있도록 훈련해야 한다. 문단이 일정한 틀 없이 중구난방으로 흐르든, 생각이 모호하거나 터무니없든 훈련의 성패에는 아무런 상관이 없다. 비평 능력일랑 모두 잊어버리라. 일부러 보여주지 않는 이상 무엇을 쓰든 그 글을 볼 사람은 아무도 없다는 점에 주목하라. 각자의 편리에 따라 침대에 앉아 공책에 글을 써도 상관없다. 이 기간에 타자기 사용법을 배울 수 있다면 금상첨화다. 비는 시간만큼, 또는 충분히 썼다는 생각이 들 때까지 가능한 한 오래 쓰는 것이 좋다.

다음날 아침 전날 써놓은 글을 다시 읽지 말고 시작하라. 글을 다 쓸 때까지는 읽지 않는 것이 중요하다. 이 훈련의 효과는 나중에 분명하게 나타날 것이다. 지금은 그저 훈련에만 충실하라.

'생산량'을 두 배로 늘리라

하루나 이틀쯤 지나고 나면 긴장하지 않고 쉽게 쓸 수 있는 단어가 꽤 많다는 사실을 알게 될 것이다. 그 단계에 이르면 문장 몇 개, 그리고 나서는 다시 단락 한두 개로 양을 늘려나가라. 그러다 보면 머잖아 양을 처음의 두 배로 늘릴 수 있을 것이다.

얼마 지나지 않아 이 훈련이 결실을 거두기 시작하는 것을 느낄 수 있을 것이다. 글쓰기가 더 이상 고역스럽거나 지루해 보이지 않으면서, 글로 옮겨 적은 공상을 통해 마음 뒤편에서 거의 말 없이 이루어지는 공상 못지않게 많은 것을(실은 훨씬 더 많이) 얻을 수 있을 것이다. 눈을 뜨자마자 펜을 집어들고 거의 충동적으로 글을 쓰기 시작하면 다음 단계로 넘어갈 준비가 됐다는 뜻이다. 그동안 써둔 내용은 자물쇠로 잠가두라. 어쨌든 이 과정에 의식이 개입하게 해선 안 된다. 지금은 그 효과를 미처 내다보지 못하겠지만 나중에 분명히 나타난다.

다음 단계에서는 최대한 쉽고 자연스러워 보이게 이 아침 일과를 수행하는 것이 목표다. (하지만 처음에 시작했을 때보다 더 많이 쓸 수 있는 능력을 익히는 것도 중요하다.) 자신을 주의 깊게 지켜보라. 언제고 공상이 다시 게으름을 피운다 싶으면 채찍질을 해야 할 때라는 뜻이다. 글을 쓰다 보면 아무리 쉽게 쓰는 작가에게도 이따금 정신이 바싹 말라붙는 위기가 찾아오기 마련이다. 그런 위기가 찾아올 때마다 침대 옆 탁자에 연필과 종이를 갖다놓고 아침에 눈을 뜨자마자 글을 쓰라.

1938, photo by Rex Hardy

펄 벅
Pearl Buck
1892~1973

6

일정한 시간에 글쓰기

인생은 위험한 줄타기 아니면 안락한 침대다.
나는 줄타기를 택하련다.
이디스 워턴

가장 편협한 사람은 소신이 전혀 없는 사람이다.
길버트 키스 체스터턴

6

앞 장에서 소개한 제안을 실천에 옮기는 순간 그 어느 때보다도 진짜 작가에 가까워진 듯한 느낌이 들 것이다. 아마 지금쯤은 하루의 경험을 글로 옮기면서 도중에 겪은 에피소드나 사건의 활용 가치를 내다보는 경지에, 즉 글쓰기가 어쩌다 드문드문 변덕스럽고 느닷없이 이루어졌을 때나 자신의 판단 기준에 비추어 확실히 말이 될 듯싶은 이야기만 썼던 때와는 달리 손질되지 않아 아직은 거친 삶의 재료를 좀더 일관되게 소설의 형태로 바꾸는 경지에 다다랐을 것이다.

이 단계에 이르렀다면 다음 단계로 넘어갈 준

비를 해야 한다. 다음 단계에서는 일정한 시간에 글을 쓰는 법을 배우게 될 것이다.

일정한 시간에 글쓰기

옷을 입고 잠시 혼자 앉아 자신 앞에 놓인 하루를 곰곰이 생각하면서 그 날 해야 할 일은 무엇이고 어떤 기회가 기다리고 있을지 떠올려보라. 그 날 일정을 대개는 정확하게, 아니면 최소한 대충이라도 그릴 수 있을 것이다. 그리 긴 시간이 필요치는 않다. 15분이면 충분하다. 게다가 본인에게 그럴 의사만 있다면 바쁜 하루 중에서 15분도 내지 못할 만큼 얽매여 사는 임금 노예는 거의 없다. 글을 쓸 15분을 언제 내는 게 좋을지 정하라. 앞으로는 이 15분 안에 글을 쓰게 될 것이기 때문이다.

예를 들어 일이 오후 3시 30분 이후에 끝난다면 4시부터 4시 15분까지의 15분을 온전히 자신만의 시간으로 확보할 수 있다. 그러고 나면 정확히 4시에 무슨 일이 있더라도 글을 쓰기 시작해 4시 15분까지 계속 글을 써야 한다. 그렇게 하기로 마음을 정했으면 하고 싶은 일이 있든, 반드시 해야 할 일이 있든 상관없이 그 시간은 꼭 비워두어야 한다.

자신과의 약속을 지켜라

이 원칙은 매우 중요할 뿐만 아니라 아무리 강조해도 지나치지 않다. 4시에 글을 쓰기로 마음먹었으면 4시에 꼭 글을 써야 한다! 변명은 있을 수 없다. 4시에 대화에 깊이 빠져 있다면 양해를 구하고 자신과의 약속을 지켜야 한다. 약속에는 신뢰가 걸려 있으므로 꼭 지켜야 한다. 그 시간에 친구들을 제쳐두고 빠져나와야 한다면 인정사정 없이 그렇게 해야 한다. 그렇게 하지 않을 경우 다음 번에는 궁지에서 빠져나오기가 더욱 힘들어질 것이다. 혼자 있을 공간이 필요하다면 화장실을 찾아 벽에 기대서라도 글을 쓰라.

아침에 글을 쓸 때처럼 소재는 아무것이든 상관없다. 말이 되든 되지 않든 오행시든 무운시든 무조건 쓰라. 상사에 대해서든 비서에 대해서든 교사에 대해서든 생각나는 대로 무조건 쓰라. 이야기 시놉시스든 대화 몇 줄이든 최근에 알게 된 사람에 대한 묘사든 무조건 쓰라. 글이 잘 안 써지더라도 무조건 쓰라. 정 써지지 않는다면 "이 연습 문제는 정말 어렵군."이라고 쓰고 어렵게 생각되는 이유를 나열해도 상관없다. 그렇게 매일 불평의 이유를 이리저리 늘어놓다 보면 그 일이 더 이상 어렵게 느껴지지 않을 것이다.

훈련 범위 확장

매일 빼놓지 않고 실천해야 하는 것도 중요하지만 매번 시간대를 바꾸는 것 또한 중요하다. 11시나 점심 시간 전후에 시도해보라. 저녁 때 귀가하기 전의 15분도 좋고, 저녁 먹기 전의 15분도 좋다. 중요한 것은 정확히 그 시간을 지켜 글을 써야 한다는 점과, 그 시간이 닥치면 어떤 변명도 해선 안 된다는 점이다.

이 충고를 그저 읽기만 할 때는 시간 엄수를 왜 그렇게 강조하는지 아마 잘 이해하지 못할 것이다. 하지만 실천으로 옮기는 순간부터 그 이유를 알게 될 것이다. 이 단계에서는 이전의 연습 문제에 비해 마음속 깊은 곳에서 글쓰기에 대한 저항이 일어날 가능성이 더 높다. 무의식의 입장에서는 이 훈련이 '일처럼 보이기' 시작할 것이다.

여기에 완전히 익숙해지기 전까지 무의식은 이러한 규칙을 싫어한다. 무의식은 원체 게을러서 분주한 것을 싫어하고 자신을 가장 쉽게 만족시키는 방법을 찾는 경향이 있기 때문이다. 무의식은 때를 스스로 골라잡고 내킬 때만 모습을 드러내길 좋아한다.

가장 주목할 만한 일련의 장애는 상식의 탈을 쓰고 나타날 것이다. 예를 들면 '4시 5분부터 4시 20분까지 글을 쓰는 것이 과연 바람직한가'라는 회의의 형태로. 갑자기 주기를 바꿀 경우 이처럼 (무의식의) 반문에 직면할 가능성이 높다. 주기가 저절로 자리잡힐 때까지 기다렸다가 15분을 빼는 것이 좋지 않을까? 아침에는 그 날 오후에 두통에 시달리게 되리라는 것을 거의 예상하지 못한다. 무의식이 묻는다, 두통이라는 장애를 안고도 과연 제대로 글을 쓸 수 있을까? 이런 식으로 무의식은 끊임없이 핑곗거리를 찾는다. 하지만 약삭빠른 무의식이 제시하는 빠져나갈 구멍을 무시하는 법을 터득해야 한다. 일관되고 끈질기게 (무의식의) 속임수에 넘어가길 거부할 경우 그만 한 보상이 따른다. 즉 어느 순간부터 무의식이 고분고분해지면서 글을 얌전하게 잘 쓰기 시작할 것이다.

성공하지 못하면 글쓰기를 포기하라

지금 이 자리에서 이 책을 통틀어 가장 엄숙한 경고의 말을 해두고 싶다. 즉 이 훈련에 거듭 실패할 경우 글쓰기를 포기하라. 글을 쓰고 싶다는 열망보다 글쓰기에 대한 저항이 더 크다면 지금이라도 늦지 않았으니 활력을 배출할 곳을 다른 데서 찾는 것이 좋다.

이른 아침에 글을 쓰는 훈련과 아무 때고 글을 쓰는 훈련은 글을 자유자재로 거침없이 쓸 수 있을 때까지 계속 이루어져야 한다.

7

첫 번째 검토

사람들은 평가를 요청하지만
사실은 칭찬을 듣고 싶을 뿐이다.
윌리엄 서머싯 몸

예술가는 비평가에게 귀를 기울일 시간이 없다.
작가가 되고 싶어하는 사람은 비평을 읽지만,
글을 쓰고 싶어하는 사람은 비평을 읽을 시간이 없다.
윌리엄 포크너

7

아침 일찍 글을 쓰는 습관과 자신이 정한 시간에 글을 쓰는 습관을 확립하는 데 성공했다면 작가의 길에 많이 다가간 셈이다. 이제 그대는 초보 수준이긴 하지만 한편으로는 거침없이 쓰는 단계에, 또 한편으로는 제어력을 발휘하는 단계에 이르렀다. 자신에 대해서도 훈련을 시작했을 때보다 십중팔구 훨씬 더 많이 알고 있을 것이다. 무엇보다 그대는 쉬지 않고 계속 글을 쓰도록 훈련하는 것이 더 쉬운지 어떤지, 아니면 아무 때고 글을 쓰는 것이 더 자연스러운지 어떤지 알고 있다. 모르긴 해도 글을 쓰려고 마음먹으면 쓸 수 있고, 삶이 아무리 바빠도 긴장의 끈을 놓지만 않으면 얼마든지 글을 쓸 기회를 찾을 수 있다는 점을 아마 처음으로 실감했을 것이다. 그랬다면 필시 자기 안에서도 작품을 내는 작가들 못지않게 지치지 않는 소재를 발견하고 작가가 책을 연달아 선보인다는 것이 그렇게 기적 같은 일만은 아니라는 생각도 어렴풋이나마 하기 시작했을 것이다. 글을 쓰는 것이 더 이상 피곤하지 않고 단순한 활동으로 자리잡기 시작했을 것이다. 아마도 작가의 삶이 좀더 생생하게 이해되면서 진리에 전보다 더욱 가깝게 다가갔을 것이다. 이는 그 자체로 장족의 발전이다.

이제 자기 자신과 자신의 문제를 또다시 객관적으로 살펴볼 차례다. 그동안 훈련을 성실하게 해왔다면 첫 번째 검토에 필요한 자료를 충분히 확보하고 있을 것이다.

자신의 작품을 비평가의 눈으로 읽기

지금까지는 자신의 작품을 다시 읽고픈 유혹을 뿌리치는 것이 상책이었다. 글을 쉽게 쓰는 능력을 길러 기회가 주어질 때마다 언제 어디서고 글을 쓸 수 있게 스스로를 훈련하는 동안에는 자신의 작품에 비평가의 잣대를 덜 들이댈수록 좋다. 이는 애벌 검토 때도 마찬가지다. 글의 우수성이나 진부함은 고려 대상이 아니었다. 하지만 이제 다시 돌아가 냉정한 검토 아래서는 무엇이 드러날지 알아보자. 깨달을 점이 많은 것들이 쏟아져 나올지도 모른다.

모방의 함정

아침 과제를 시작하기 전에 단 한 단어도 읽어서는 안 되며, 과제를 끝낼 때까지도 될 수 있으면 그렇게 해야 한다는 지시 사항을 기억할 것이다. 그 이유는 다음과 같다. 너나 할 것 없이 너무나 많은 말에 둘러싸여 살다 보니 기나긴 경험 없이는 자기만의 호흡은 무엇이고, 자신에게 진정으로 흡입력을 갖는 주제는 무엇인지를 발견하기가 어렵다. 작가가 되기를 간절히 바라는 사람들은 감수성이 예민한 만큼 대개 귀도 얇다. 스스로 의식하든 못하든 그들은 성공한 작가를 모방하려는 유혹에 쉽게 빠진다. 모방의 대상은 글쓰기의 천재일 수도 있고, (너무나 많은 경우인데) 현재 가장 큰 인기를 끌고 있는 작가일 수도 있다.

소설 쓰기를 가르쳐본 적이 없는 사람은 작가 지망생이 얼마나 자주 "와, 방금 윌리엄 포크너(1897~1962, 1949년에 노벨 문학상을 수상한 미국 소설가)도 울고 갈 만큼 굉장한 이야기가 생각났어요!"라는 소리를 하거나 한 술 더 떠서 "이 정도 이야기면 버지니아 울프(1882~1941, 영국 소설가)에 견줄 수 있을 것 같아요."라고 호들갑을 떠는지 알 턱이 없다. 그렇게 말하는 학생이 독창적으로 쓴 훌륭한 이야기를 보고 싶다고 눈치도 없이 말하는 교사는 위선자라는 욕을 듣거나 대놓고 씹힌다. 현재 유행하는 작가의 문체뿐만 아니라 철학과 이야기 형식까지 부지런히 모방하다 보면 그 과정에서 독창적인 작가가 될 수 있다는 믿음이 작가 지망생들 사이에 널리 퍼져 있기 때문이다. 작가 지망생이 본보기로 삼는 작가들은 타고난 재능을 통해, 그리고 자신만의 취향에 따라 글을 쓰면서 자신의 문체와 '공식'을 발전시키고 손질하고 바꾸어 나간다. 반면 부지런히 모방에만 힘쓰는 얼치기 글쟁이는 시대에 뒤진 작품을 그저 흉내내고 있을 뿐이다.

자신의 장점 찾기

모방의 유혹에서 벗어나는 가장 좋은 방법은 자신의 취향과 장점을 최대한 빨리 찾아내는 것이다. 글쓰기 습관을 들이는 이 기간에 써놓은 글에는 값을 매길 수 없을 만큼 귀한 실험 재료가 들어 있다. 자리에 앉아 맨 처음 떠오르는 것들을 쓸 때 대체로 무엇을 쓰는가? 이제 자신이 쓴 글을 마치 낯선 사람의 작품을 읽듯 읽어나가면서 이 낯선 작가의 취향과 장점은 무엇인지 살펴보라. 자신의 작품에 대한 선입견은 모두 한쪽으로 치워두라. 지금까지 붙들고 있었던 야망이나 희망이나 두려움이 있다면 모두 잊고 이 낯선 작가가 조언을 청해온다면 그에게 가장 잘 맞는 분야는 무엇이라고 말해줄지 생각해보라.

그동안 써둔 글에서 발견되는 반복, 거듭 나타나는 생각, 자주 나오는 산문 형식이 실마리를 제시해줄 것이다. 그런 요소들은 그대의 타고난 재능이 어디에 있는지 알려줄 것이다. 그대의 장점을 더욱 갈고 닦는 것은 좋지만 자신은 오로지 한 가지 유형의 글만 쓸 수 있기 때문에 다른 유형의 글은 그만큼 잘 쓰지 못할 것이라고 생각해선 곤란하다. 하지만 이 검토를 통해, 가장 풍성하고 가장 쉽게 흘러나오는 그대의 재능이 어디에 있는지 알게 될 것이다.

내 경험으로 볼 때, 간밤의 꿈을 옮겨놓거나 전날의 일을 흠 잡을 데 없는 형식으로 다시 빚어내는 학생, 아침 시간을 이용해 하나의 완전한 일화나 빈틈없는 대화문을 쓰는 학생은 타고난 단편 소설 작가일 확률이 높다. 등장인물 묘사가 짤막하면서도 인물의 전반적인(또는 명확한) 특징을 다루는 데 능한 학생의 경우도 마찬가지다. 등장인물 분석이 치밀하고, 동기를 따지고, (자신의 행동에 낭만성을 부여하는 것과는 정반대로) 자기 반성이 날카롭고, 똑같이 곤란한 상황에 직면한 서로 다른 등장인물을 대비하는 데 소질이 있는 학생은 주로 장편 소설 작가로서의 가능성이 크다. 내면 성찰이나 사색 묘사에 치중하는 경향은 주로 수필 작가의 공책에서 발견된다. 하지만 드라마 요소를 추가하고 문제의 다양한 원인을 생각을 실천하는 등장인물들에게 돌리는 방법을 통해 추상적인 사색에 구체성을 부여하는 능력을 쌓는다면 명상 소설가로서 성공할 가능성이 높다.

수업이 이 시점에 이르면 나의 교실은 대개 활기로 넘쳐난다. 자신이 느끼기에 이제 거의 노력 없이 글을 쓰는 단계에 이른 학생들은 각자에게 가장 쉽고 잘 맞는 글쓰기 유형을 골라, '작업하는' 시간에 부딪치는 좀더 어려운 문제들과 씨름한다. 학생들이 자진해서 써내는 원고는 대개 무척 흥미로울 뿐만 아니라, 많은 경우 약간만 손질하면 만족할 만한 수준의 작품으로 발전할 수도 있다. 물론 아직은 약간 산만하고 두서가 없지만 원고마다 놀라울 만큼 참신하고 자연스러운 분위기가 묻어난다. 이 시기에 이르면 작업이 어느새 덜 들쭉날쭉해졌다는 점을 깨닫게 될 것이다. 그대는 이제 자신만의 보폭과 호흡은 물론 그대가 앞으로 관심을 가지고 영원히 다루어야 할 주제가 뭔지에 대해서도 이미 알고 있다.

글쓰기 교사에게 하는 당부

여기서는 글쓰기를 공부하는 학생보다는 글쓰기 교사에게 한마디 덧붙이고 싶다. 수업 시간에 학생의 작품을 교탁 높이 치켜들고 다른 학생들에게 비평을 해보라고 하는 것은 위험천만한 일이 아닐 수 없다. 작가의 이름을 밝히지 않는다고 해서 아무런 해가 없겠지 생각하면 그야말로 오산이다. 어느 누구에게나 그러한 시련은 침착하게 받아들이기에 너무도 쓰라리다. 특히 민감한 작가는 비평 내용이 좋든 나쁘든 상관없이 완전히 방향을 잃고 비틀댈 수도 있다. 초보 작가가 동료들로 이루어진 배심원단의 심판을 받을 경우 호의 어린 비평은 거의 기대할 수 없다. 초보 작가 배심원단은 본인도 아직은 그다지 완벽하게 쓰지 못하면서 도마 위에 오른 이야기에서 결점이란 결점은 모조리 찾아내고야 말겠다는 듯 이빨을 드러내고 사정없이 공격해댄다.

자신감이 자연스럽게 우러나와 학생 스스로 집단 비평을 청할 때까지는 교사 혼자 조용하게 그 학생의 작품을 다루어야 한다. 학생 개개인마다 성장 속도도 다른 데다 꾸준히 성장해 나가려면 무안함과 자의식에서 오는 퇴보의 위험에 처해선 안 되기 때문이다. 나는 학생들에게 최소한 현재 진행하고 있는 작품에 대해서만큼이라도 입을 다물라고 충고한다. 수업 시간에 학생들로부터 몇 주 넘게 아무것도 받지 못하기도 하지만, 침묵

기간이 끝나면 학생 한 명당 완성된 원고 서너 편을 제출한다. 이러한 합의 조항을 떠나 학생들은 내가 보든 보지 않든 주어진 연습 문제에 따라 매일 글을 써야 한다. 그 외에 나는 어떤 과제도 내지 않는다.

8

자기 작업에 대한 비평

자신에게 진실하지 않은 자는
다른 사람에게 진실할 수 없다.
버지니아 울프

나는 칭찬도 비난도 하지 않는다.
인정할 따름이다.
나는 만물의 기준이자 세상의 중심이다.
윌리엄 서머싯 몸

8

 이제 어렴풋하게나마 자신이 작가라는 생각이 들 것이다. 그 생각은 아직은 매우 희미해서 때로는 겸손 때문에 또 때로는 지나친 자신감 때문에 왜곡되기도 하겠지만 적어도 앞으로 계속 추구할 만한 가치가 있는 작가의 모습에 웬만큼 가까이 다가갔을 것이다. 이 미완성의 상태에서도 글쓰기의 질을 끌어올리거나, 글쓰기 소재를 발굴하거나, 스스로를 격려하면서 글쓰기가 자연스럽게 이루어지도록 하기 위해 혼자서 할 수 있는 일은 많다. 이제 따분한 자아를 불러내 그대를 위해 힘써 달라고 부탁할 때다. (사실 이 자아는 벌써 불려나와 그대의 글을 읽고 스스로 모습을 드러내긴 했지만 아직은 예비 단계에 지나지 않는 그대의 취향을 찾아냈을 뿐이다.) 글을 좀 봐달라고 청하는 순간 이 자아는 기다렸다는 듯 그대를 위해 수없이 많은 일을 할 것이다. 하지만 이 자아를 너무 빨리 불러낼 경우 득보다 실을 더 많이 본다.

따라서 여기서는 각자의 상식과 평소 성격에 비추어 그동안 써둔 글을 평가하게 될 것이다. 앞 장에서 추천한 애벌 검토를 통해 그대는 이미 자신의 작품 성향을 어느 정도 분명하게 알고 있다. 이제 자신의 글을 좀더 구체적이고 자세하게 검토할 차례다. 기회가 올 때마다 자연스럽게 흘러나오도록 무의식을 가르치는 동안 그대의 일상 속 자아는 한쪽으로 비켜서 있었다. 하지만 이 자아는 그 과정을 줄곧 면밀히 지켜보는 가운데 그대의 성공과 실패를 주시하며 의견을 말할 준비를 하고 있었다.

비판적인 대화

다음의 몇 문단은 그대가 자신과 나누게 될 그 어떤 대화보다 직선적이고 이원적인 성격을 띠지만 이제는 두 자아 사이의 교류가 이루어져야 할 때다.

"있지, 너 대화 참 잘 쓰더라. 듣는 능력이 뛰어난가 봐. 하지만 서술하는 능력은 떨어져. 들쭉날쭉해."

여기서 피고인은 아마도 대화를 쓰는 것은 좋아하지만 인용 부호의 보호를 받지 못하는 글을 쓸 때는 주눅이 든다고 중얼거릴 것이다.

그러면 이런 대답이 돌아온다.

"그래, 너 대화 쓰는 거 좋아해. 대화를 잘 쓰니까. 하지만 묘사가 일관성을 지니면서 다음 단락으로 매끄럽게 넘어가지 못한다면 이야기가 널을 뛰게 된다는 거 몰라? 결정을 내리란 말이야. 소설을 쓰고 싶은지, 아니면 희곡을 쓰고 싶은지. 어느 쪽으로 결정을 내리든 할 일은 많아."

"네 생각은 어떤데? 그건 내 분야라기보다 네 분야에 가깝잖아?"

"글쎄, 아무래도 소설 쪽인 거 같아. 넌 극적인 효과를 연출하거나 눈길을 확 사로잡는 절정으로 전개해 나가는 데 별로 관심이 없잖아. 대신 등장인물을 대화를 통해 서서히 펼쳐보이지. 세상의 시간과 종이를 모두 갖게 된다면 보나마나 넌 오로지 대화만 사용해서 네 요점을 전달할 게 분명해. 그래도 고려해볼 여지는 있어. 우선 넌 정연한 서술 형식을 익혀야 할 거야. 아니, 이럴 게 아니라 네 약점들을 보완하는 게 좋겠다. 시간 있으면 에드워드 모건 포스터(1879~1970, 영국 소설가)의 작품을 읽어봐. 글이 아주 조리 있거든. 그건 그렇고 여기 네가 깊이 생각해봐야 할 문구가 있어. 이디스 워턴(1862~1937, 1921년에 퓰리처상을 수상한 미국의 여류 소설가)의 『소설 쓰기(The Writing of Fiction)』에 나오는 내용이야.

소설에서 대화의 사용은 매우 분명한 원칙이 필요한 것 중 하나인 듯하다. 대화는 절정의 순간을 위해 아껴두어야 하며, 이야기의 거대한 파도가 해변의 관찰자를 덮치면서 뿜어내는 물보라로 여겨야 한다. 솟구치며 부서지는 파도와 반짝이는 물보라는 물론이고 심지어 짤막하고 들쭉날쭉한 문단으로 쪼개지는 지면이라는 시각 요소까지도 그러한 절정의 순간과 눈에 띄지 않게 스르르 물 흐르듯 흐르는 이야기 간격 사이의 대비를 강화해준다. 대비는 작가가 개입해야 하는 부분의 시간 경과에 대한 감각을 높여준다. 따라서 대화의 절제된 사용은 이야기의 긴박성을 부각시킬 뿐만 아니라 지속적인 전개라는 훨씬 더 큰 효과를 가져온다."

그런가 하면 충고가 사소한 문제 문제를 지적하는 형태를 띨 수도 있다.

"그런데 말이지, 너 그거 아니? '현란한' 단어를 너무 많이 사용한다는 거. 네가 원하는 정확한 단어를 찾으려고 급하게 서두를 때면 꼭 그러더라. 넌 그런 단어를 너무 많이 사용해. 아주 나쁜 버릇이야. 무엇보다 그런 단어는 너무 막연하고 포괄적이라 네가 원하는 효과를 내지 못해. 또 현재 이 나라의 모든 광고 작가가 그런 단어를 사용하고 있어. 당분간만이라도 그런 단어에서 멀찍이 떨어져 있는 게 좋겠어."

충고는 구체적일수록 좋다

자신과 나누는 대화가 위에서 소개한 것처럼 아주 솔직하지는 않다 하더라도 이런 문제들에 대해 스스로에게 정직하게 말하고, 불만을 구체적으로 토로하고, 가능하다면 구체적인 해결책을 마련하는 것이 좋다. 기억을 더듬으며 자신의 글쓰기에서 이런저런 불만 요인을 찾아내 잘못된 습관을 바로잡는 데 필요한 조치를 취하거나 스스로 선택한 직업에 사실은 진지하게 임하지 않고 있다는 점을 깨끗하게 인정해야 한다. 잘못이 눈에 띌 때마다 스스로 문제를 객관화해야 한다. 분명히 약점이 있는 것 같긴 한데 무슨 이유 때문인지 자신의 눈에는 보이지 않을 경우에는 취향과 판단력을 믿을 수 있는 사람에게 작품을 보여야 한다. 종종 문학 지식에 물들지 않은 독자가 작가나 편집자나 글쓰기 교사 못지않게 문체의 약점을 구체적으로 집어내기도 하지만 외부에 조언을 구하는 것은 자신이 할 수 있는 일은 모두 하고 난 후라야 한다. 결국 함정에서 벗어나는 데 필요한 것은 본인의 취향과 판단력이며, 자신의 글쓰기 성향을 빨리 파악하면 할수록 개선 가능성이 그만큼 커진다.

비평 뒤의 개선

의심스러운 점은 뭐든 하나도 빼놓지 말고 따져보아야 한다. 짧은 평서문을 너무 많이 사용하거나 감탄 부호를 남발하지는 않는가? 표현이 미사여구로 흐르거나, 아니면 그 반대로 지나치게 간결하지는 않은가? 말을 너무 아껴서 감동적인 장면을 너무 빨리 지나가는 바람에 그대가 전달하고자 하는 것을 독자가 놓칠 위험은 없는가? 신빙성이 떨어질 정도로 과장에 치우치지는 않는가? 그렇다면 대책을 강구해야 한다. 말수가 적은 작가는 앨저넌 찰스 스윈번(1837~1909, 영국의 시인 겸 평론가)이나 토머스 칼라일(1795~1881, 영국의 사상가 겸 작가)처럼 근엄하기보다 화려한 말솜씨를 자랑하는 작가의 작품을 읽는 것이 도움이 될 수 있다. 감정에 지나치게 호소하는 작가에게는 그 반대의 충고가 적용될 수 있다. 이 경우에는 18세기 영국의 작가들이나 윌리엄 딘 하웰스(1837~1920, 미국의 소설가 겸 평론가), 윌라 캐더(1873~1947, 미국 소설가), 아그네스 레플리어(1855~1950, 미국 수필가) 같은 작가의 작품을 읽어보라. 단조로운 문체 때문에 고민이라면 길버트 키스 체스터턴(1874~1936, 영국의 소설가 겸 평론가)의 소설이 도움이 될 것이다. 이런 제안에는 거의 끝이 없지만 자신의 문제를 정확히 진단해 자신에게 가장 좋은 약을 처방하는 것은 각자의 몫이다. 처방전을 찾았다면 겸허하게 읽으면서 자신과는 정반대의 성향을 보이는 작가들의 장점을 보도록 노력해야 한다. 문체를 단련하는 동안에는 스스로에게 사정을 봐주어선 안 된다. 관심이 끌리는 책은 철저히 멀리해야 한다.

좋은 글을 쓰는 데 필요한 조건

다음으로 전날 저녁의 상황이 아침 글쓰기에 어떤 영향을 미치는지 살펴봐야 한다. 활동을 많이 한 날 다음에 좋은 글이 나오는가, 아니면 조용하게 지낸 날 다음에 좋은 글이 나오는가? 글이 쉽게 써졌다면 일찍 잠자리에 들고 난 다음인가, 아니면 짧게 자고 난 다음인가? 친구들을 만나는 것과 다음날 아침의 글쓰기가 활기를 띠거나 지루하게 느껴지는 것 사이에 어떤 연관관계가 있지는 않은가? 극장이나 미술 전시회, 무용 발표회에 갔다 오고 나서 그 이튿날 아침의 글쓰기는 어땠는가? 이런 점에 유의하면서 글을 쓰는 데 도움이 되는 활동을 하도록 노력하라.

일상의 규칙 정하기

다음으로 일상의 규칙에 주목해야 한다. 대부분의 작가는 기분 전환을 위해 가끔 쉬면서 단순하고도 건강한 일상을 꾸려나갈 때 크게 발전한다. 여기서 다루는 내용은 지극히 상식적이다. 어떤 음식이 자신에게 맞고 어떤 음식을 멀리해야 할지와 같은 사안들을 결정해야 하기 때문이다. 평생 글을 쓰며 살 생각이라면 자극제에 계속 기대지 않고도 일하는 법을 익혀야 한다. 경우에 따라선 적절하게 사용해도 되는 자극제가 있는 반면, 완전히 끊어야 하는 자극제도 있다. 일을 몰아서 하는 습관은 좋지 않다. 꾸준하고 착실하게 흐름을 타면서 생산성을 고르게 유지해야 한다. 그럴 경우 가끔 평균 수준을 훨씬 웃도는 성과를 거둘 수도 있다. 하지만 생산성이 평균 이하로 떨어지는 일은 거의 없다. 두세 달에 한 번, 아니면 적어도 일 년에 두 번은 자신의 상태를 솔직하게 평가해야 한다. 자신의 글쓰기 능력을 최대한 끌어내 풍작을 거두려면 이러한 평가가 반드시 필요하다.

자신을 평가할 때는 기질적인 면이 일상의 행동에 너무 많이 관여하게 내버려두고 있지는 않은지 자문해야 한다. 냉정하고 공정하게 처신해야 하는 상황에서 감정에 치우쳐 제멋대로 굴지는 않는가? 욱하는 기질이나 질투심, 쉽게 낙담하는 성격 때문에 곤란을 겪고 있지는 않은가? 차분히 생각해보면 문제점이 뚜렷이 보이기 마련이다. 질투, 낙심, 분노는 글이 흘러나오는 샘을 오염시킬 뿐이다. 좋은 글을 쓰려면 한시라도 빨리 오염 요인을 찾아 흔적조차 남지 않게 완전히 없애야 한다.

자신을 평가할 때는 철저해야 한다. 자신을 주도면밀하게 분석하는 작업은 그저 '잘'의 수준이 아니라 '아주 잘' 이루어져야 한다. 스스로에게 엄격하면서 공정해야 한다. 터무니없는 비난은 근거 없는 자화자찬만큼이나 나쁘다. 자신이 잘하는 부분이 있다면 그 점을 인정하고 더 잘할 수 있도록 스스로를 격려해야 한다. 잘하는 일을 기준 삼아 다른 데서도 그와 똑같은 수준을 유지하도록 노력해야 한다.

이런 식으로 자신을 면밀히 분석하고 나면 자신의 장점과 약점을 비롯해 자기 자신에 대해 좀더 분명하게 파악하게 될 것이다. 처음에는 이런 점보다는 저런 점을 더 우위에 둘 확률이 높지만 시간이 지나면 둘 다 똑같이 중요한데도 미처 알아채지 못한 자신의 무지에 깜짝 놀라게 될 것이다. 하지만 곧 자신의 진전을 따스하면서도 비판 어린 시각으로 바라보면서 자신의 목표에 가까이 다가가려면 어떤 단계를 밟아야 할지 깨닫게 될 것이다.

주의할 사항이 하나 더 있다. 자신을 한시도 가만히 놔두지 않고 귀찮게 따라다니면서 잔소리를 해대고, 충고를 늘어놓고, 불평을 쏟아내선 안 된다. 자신의 상태를 평가하는 것이 도움이 되겠다 싶을 때는 시간을 충분히 가지고 철저하게 임하되, 개선책이 나오는 대로 다시 일상으로 돌아와 다음에 또 필요해지기 전까지 자기 분석일랑 모두 잊고 생활해야 한다.

9

작가로서 책 읽기

책을 간절히 읽고 싶어하는 사람과
마지못해 읽을 책을 가진 사람의 차이는 실로 엄청나다.
길버트 키스 체스터턴

작가는 책 한 권을 쓰느라 몇 달을 보내며
자신의 진심을 쏟아붓지만,
그 진심을 읽는 독자는 거의 없다.
윌리엄 서머싯 몸

9

 이러한 정기적인 평가 뒤에 이루어지는 교정 독서를 통해 최대한의 효과를 보려면 작가의 입장에서 책을 읽는 법을 터득해야 한다. 작가가 되는 데 조금이라도 관심이 있는 사람이라면 누구나 책을 단순히 오락거리가 아니라 본보기로 바라보는 경향이 어느 정도 있기 마련이다. 하지만 독서를 통해 효과를 얻으려면 자신의 능력을 끌어올리는 데 어떤 부분이 도움이 될 수 있는지를 생각하며 책을 읽어야 한다.

 작가 지망생은 대부분 책벌레다. 게다가 그 가운데 상당수가 책과 도서관이라면 사족을 못 쓴다. 하지만 책을 해부한다거나, 오로지 문체에만 신경 쓰며 책을 읽는다거나, 작가가 자신의 문제를 어떻게 다루는지를 보기 위해 책을 읽는다는 생각에는 대개 깊은 반감을 품는다. 많은 작가 지망생들은 비판력이 없어도 안목이 높은 독자였을 때 책에서 얻었던 황홀한 감흥을 두 번 다시는 얻지 못할 것이라고 여기며 자기가 좋아하는 작가를 현미경 아래 들이대야 한다는 의견에 크게 반발한다. 하지만 그 반대로 비판력을 키우게 되면 아마추어 입장에서 책을 읽을 때보다 훨씬 더 깊은 즐거움을 맛볼 수 있다. 아무리 나쁜 책도 딱딱하고 부자연스런 효과를 내는 원인을 파헤치며 읽다 보면 그럭저럭 참을 만해진다.

두 번 읽어라

작가 입장에서 책을 읽는 법을 터득하려면 처음에는 뭐든 두 번 읽는 길밖에 없다. 단편이든, 기사든, 소설이든 아무 부담 없이 책을 그저 즐겼을 때처럼 그 어떤 비판도 가하지 말고 빨리 읽어치우라. 다 읽었으면 당분간 책을 한쪽으로 치워두고 연필과 메모장을 꺼내라.

대강의 판단과 자세한 분석

우선 방금 읽은 책의 개요를 짤막하게 작성하라. 마음에 들었는지 아닌지, 믿음이 갔는지 아닌지, 마음에 들었던 부분과 그렇지 않았던 부분은 무엇인지를 기준으로 대강의 판단을 내리라. (나중에는 도덕적 판단도 내릴 수 있겠지만 지금은 작가의 의도를 파악하는 데 초점을 맞추어야 한다.)

진술 내용을 계속 늘려나가라. 책이 마음에 들었다면 그 이유는 무엇인가? 여기에 대한 대답이 처음에는 모호하더라도 기죽지 말라. 책을 다시 읽어보면 그러한 반응의 원인을 찾게 될 것이다. 책 내용 가운데 더러는 훌륭해 보였던 반면 나머지는 설득력이 부족해 보였다면 작가가 언제 마음에 들지 않았는지 되짚어보라. 등장인물들이 한결같은 솜씨로 그려졌는가, 형편없이 그려졌는가, 아니면 어쩌다 가끔만 일관성 있게 그려졌는가? 이렇게 느낀 이유를 알겠는가?

특별히 마음에 남는 장면이 있는가? 만약 있다면 그 이유가 장면 처리가 뛰어났기 때문인가, 아니면 어이없게도 좋은 기회를 놓쳤기 때문인가? 어떤 이유에서든 자신의 관심을 끌었던 구절이 있는가? 대화가 자연스러운가, 아니면 틀에 박혀 있는가? 만약 후자라면 그런 딱딱한 형식이 작가의 의도 때문인가, 아니면 작가의 능력 부족 때문인가?

지금 그대는 자신의 약점을 어느 정도 알고 있다. 방금 읽은 작가는 그대에게는 어려울 것 같은 상황을 어떻게 다루고 있는가?

두 번째 읽기

좋은 책일수록 질문할 점도 많고 대답도 구체성을 띨 것이다. 특별히 좋은 책이 아니라면 처음에는 그 안의 약점을 찾는 것으로 족하다. 개요를 작성해 자신의 질문에 답하고 나면 속 시원히 대답하지 못했거나, 자세히 파고든다면 답을 알 수 있었을 것 같은 질문이 무엇인지 확인해야 한다. 이제 처음부터 다시 천천히 꼼꼼하게 읽어나가면서 분명해 보이는 대답을 찾는 대로 메모장에 기록하라. 특별히 잘 처리된 구절을 발견하거나, 작가는 솜씨 있게 다루고 있지만 자신이 다루기에는 어려울 것 같은 소재가 눈에 띄면 표시해두라. 이렇게 해두면 나중에 다시 읽을 때 그 부분을 좀더 심도 있게 분석해 본보기로 활용할 수 있다.

이제 그대는 이야기가 어떻게 끝나는지 알고 있다. 책이나 이야기 초반에서 그러한 결말을 암시하는 단서가 무엇인지에 주목하며 책을 읽어나가라. 중요한 갈등을 유발하는 등장인물의 특징이 처음부터 언급됐는가? 그러한 특징의 도입이 매끄럽고 자연스러웠는가, 아니면 억지로 귀를 잡아당기는 격이었는가? 두 번째 읽기에서 거짓 단서, 즉 책의 현실성을 떨어뜨리거나 작가의 의도를 왜곡하는 내용을 새롭게 발견할 수도 있다. 이러한 거짓 단서는 불필요한 요소를 들이밀거나 실제로 독자를 오도하기도 한다. 작가의 진정한 의도를 놓치고 있지는 않은지, 섣불리 작가가 잘못했다고 판단하고 있지는 않은지에 유의하면서 그러한 대목을 주의 깊게 살펴보라.

중요한 점

비판 어린 시선으로 책을 읽을 때 얻을 수 있는 자극과 유익함은 끝이 없다. 온 신경을 집중하고 읽어야 한다. 작가가 강조하고자 하는 대목에서 책의 호흡이 빨라지는지 느려지는지에 주목하라. 작가가 버릇처럼 자주 사용하는 표현이 훈련할 만한 가치가 있는지, 아니면 너무나 명백히 그 작가만의 것이라 구조를 배워 봐야 헛수고에 그칠지 결정해야 한다. 장면이 바뀔 경우 등장인물이나 시간의 흐름은 어떻게 처리하고 있는가? 관심의 중심이 어느 한 인물에 이어 다른 인물에게 옮겨갈 때마다 어휘와 강조점도 달라지는가? 작가가 모든 일에 개입하고 있는 것처럼 보이는가, 아니면 특정 등장인물의 의식을 따라가는 가운데 그 인물이 보기에 분명한 것만 말하면서 이야기를 전개해 나가는가? 아니면 처음에는 이 사람, 다음에는 저 사람, 그 다음에는 또 다른 사람의 관점에서 글을 쓰는가? 대비는 어떤 식으로 하고 있는가? 예를 들어 마크 트웨인(1835~1910, 미국 소설가)이 코네티컷 양키를 아서 왕 시대의 세상으로 보냈던 것처럼 등장인물과 배경의 부조화를 통해 대비 효과를 꾀하고 있는가?(마크 트웨인의 소설 『아서 왕 궁전의 코네티컷 양키』 참조—옮긴이)

이런 식으로 스스로에게 계속 질문을 던지다 보면 배울 만한 점들이 눈에 띌 것이다. 다른 작가의 작품을 활용할 수 있으려면 최소한 두 번은 읽어야 한다. 그렇게 몇 권 읽고 나면 책을 즐기는 동시에 비평가의 입장에서 읽을 수 있게 될 것이다. 두 번째 읽을 때는 작가의 장점이나 단점이 특히 부각되는 대목에 초점을 맞추라.

10

모방에 관하여

좋은 소설은 주인공에 관한 진실을 들려주지만,
나쁜 소설은 작가에 관한 진실을 알려준다.
길버트 키스 체스터턴

항상 나는
의도하지 않은 말보다
의도한 말을 하기가 훨씬 어렵다.
윌리엄 서머싯 몸

10

이제 모방에 대해 살펴볼 차례다. 다른 작가의 작품에서 자신에게 시사하는 바가 큰 요소를 찾아내는 법을 터득했다면 모방에 도전해볼 만하다. 단, 모방은 자신에게 유익한 쪽으로 이루어져야 한다. 다른 소설가의 철학, 사상, 극 개념을 그대로 채택해선 안 된다. 작품의 중요한 요소들이 자신의 취향과 부합한다면 작가의 사상이 시작된 근원으로 돌아가라. 거기서 기초 자료를 수집해 자신에게 필요한 항목을 선별하라. 어떤 항목이든 자신의 작품에 응용할 때는 그 항목에 대해 마음 깊은 곳에서 암묵적 동의가 있어야 한다. 작가가 현재 크게 성공을 거두고 있다거나 다른 사람이 그 작품의 요소들을 활용할 수도 있다는 것이 이유가 되어선 곤란하다. 모방이 효과를 지니려면 완전한 숙지와 인정을 통해 그 대상을 자기 것으로 만들었을 때 비로소 가능하다.

기술적 장점 모방하기

하지만 기술적 장점은 얼마든지 모방할 수 있으며, 돌아오는 이득도 아주 크다. 단락이 길든 짧든 자신이 구사할 수 있는 그 어떤 기술보다 훨씬 더 나아 보이는 기술이 눈에 띈다면 자리에 앉아 그 기술을 배우라.

기술을 공부할 때는 본보기로 삼은 책이나 이야기를 전체적으로 공부할 때보다 훨씬 더 주의를 기울여야 한다. 단어를 하나하나 찢어발기듯 그 단락을 철저히 분석하라. 가능하다면 자신의 작품에서 비슷한 대목을 찾아 비교해보는 것도 좋다. 예를 들어 대부분의 작가가 글을 쓰기 시작할 때 부딪치게 되는 막연한 불안, 즉 시간의 흐름을 전달하는 문제 때문에 곤란을 겪고 있다고 가정해보자. 장면이 바뀌어도 등장인물이 중요하지 않거나 헷갈리는 활동만 하다가 이야기가 요령부득으로 늘어지거나, 등장인물이 두 단락 사이에서 갑자기 사라졌다가 다시 모습을 드러내기 일쑤다. 그렇다면 자신이 쓰고자 하는 이야기와 분량이 비슷한 이야기를 골라 해당 작가는 그러한 장면 전환을 어떻게 처리하는지 눈여겨 살펴보라. 그렇게 많은 단어를 사용하지 않았는데도 장면 전환이 물 흐르듯 매끄러워 그 사이 마치 시간이 흐른 듯한 착각을 불러일으킨다면 그 비결은 어디에 있을까? 처음에는 단어 숫자를 센다고 해서 과연 뭘 배울 수 있을지 의구심이 들겠지만 곧이어 훌륭한 작가는 균형감각을 가지고 있다는 사실을 깨닫게 될 것이다. 훌륭한 작가는 등장인물을 행동의 와중에서 끌어내 다음 상황의 한복판으로 밀어넣으려면 어느 정도의 공간이 필요할지 느낌으로 안다.

단어를 배분하는 법

5천 단어 분량의 이야기에서 주인공의 삶에 그다지 중요하지 않은 하루가 지나는 데 150단어가 들어갔다고 가정해보자. 그 이야기 작가가 자신이라면 어떻게 하겠는가? 예를 들어 세 단어 또는 한 문장만 사용할 수도 있다.

"이튿날, 콘래드, 어쩌고저쩌고."(장면 전환에 사용되는 단어의 숫자와 그 비중이 이와 똑같은 경우가 실제로 더러 있다. 당분간은 현재 각자가 읽고 있는 이야기에서 그러한 장면 전환이 너무 급작스럽다고 가정하자.)

아무리 봐도 너무 빈약하다. 아니면 이와 반대로, 콘래드의 하루가 이야기의 주제와 아무 관련이 없고 또 이야기를 시작하고 나서부터 그 인물에 대해 멈추지 않고 떠드느라 주인공의 성격을 묘사하는 데 사용할 수 있는 공간이 이미 모두 바닥났는데도 불구하고 그의 하루에 대해 완전히 동떨어진 소리를 늘어놓으며 6백 단어 내지 천 단어를 썼을 수도 있다.

지금 읽고 있는 작품의 작가는 단어를 어떻게 배분하는가? 이제까지 이야기를 일관되게 이끌어 나가다가 몇 단락 때문에 이야기가 옆길로 새지는 않는가? 비록 주인공이 이야기 전개에 필요한 사건이 일어날 때 현장에 없다 해도 행동을 전달하는 단어를 적절히 선택하는 작가의 능력 덕분에 이른바 무대 뒤에서도 주인공이 여전히 영향력을 발휘하는가? 주인공이 진정성을 다시 발휘하게 되는 결정적인 문장에 작가는 어떤 실마리를 떨어뜨리는가? 이런 식으로 찾을 수 있는 것을 최대한 많이 찾아내 본보기 문장을 한 줄씩 모방하면서 직접 문단을 써보라.

단조로움의 극복

몇 쪽에 걸쳐 명사 다음에 어김없이 동사가 오고, 동사 다음에 어김없이 부사가 뒤따르는 자신의 글이 지루하게 느껴질지도 모른다. 그런데 현재 읽고 있는 작가는 문장 구조와 호흡이 혀를 내두를 만큼 다양하고 다채롭다. 여기에 모방을 통해 효과를 볼 수 있는 방법이 있다. 바로 열두 단어를 사용해 문장을 쓰는 훈련이다. 첫 번째와 두 번째 단어는 단음절, 세 번째 단어는 2음절 명사, 네 번째 단어는 4음절 형용사, 다섯 번째 단어는 3음절 형용사 등으로 순서를 정한다. 그러고 나서 명사 자리에는 명사, 형용사 자리에는 형용사, 동사 자리에는 동사에 해당하는 단어들로 문장을 작성한다. 이때 주의할 사항은 각 자리에 해당하는 단어의 음절 수가 맞아야 한다는 점이다.

이런 식으로 자신의 문제를 보완해주는 작가를 골라 훈련한다면 문장 형태와 운율에 대해 아주 많은 것을 배울 수 있다. 이런 훈련은 자주 하고 싶지도 않을 테고 또 굳이 그럴 필요도 없다. 하지만 가끔만으로도 놀라운 효과를 보게 될 것이다. 본보기로 고른 글을 읽어나가면서 다양성과 어조에 주목하라. 문장을 개별 요소로 잘게 쪼개 그와 비슷한 문장을 구성해보는 경험이 쌓일 경우 전에는 그냥 지나치기 쉬웠던 미묘한 점들을 포착하게 될 것이다.

참신한 단어를 고르라

책을 읽으면서 알맞은 단어를 찾아내는 것도 중요하지만 그 단어를 사용하기 전에 자신의 어휘와 비교해보고 겹돌지는 않는지 확인하는 것도 중요하다. 나의 옛 스승이 경멸조로 '현란한 동사'라고 부르곤 했던 단어를 찾느라 사전을 뒤지느니 일상 생활 속에서 단어를 찾는 것이 훨씬 더 도움이 된다. 하지만 원래 용도대로 사용한다면 사전은 훌륭한 도구다.

마지막으로 자신의 글로 다시 돌아가 새로운

눈으로 읽어야 한다. 곧 출간을 앞두고 있다고 생각하며 읽어나가라. 여기저기 손볼 데가 보이지 않는가? 수정 작업을 거친다면 인상적이고 변화무쌍하고 활기 넘치는 산문으로 거듭 태어나게 될지 누가 알겠는가?

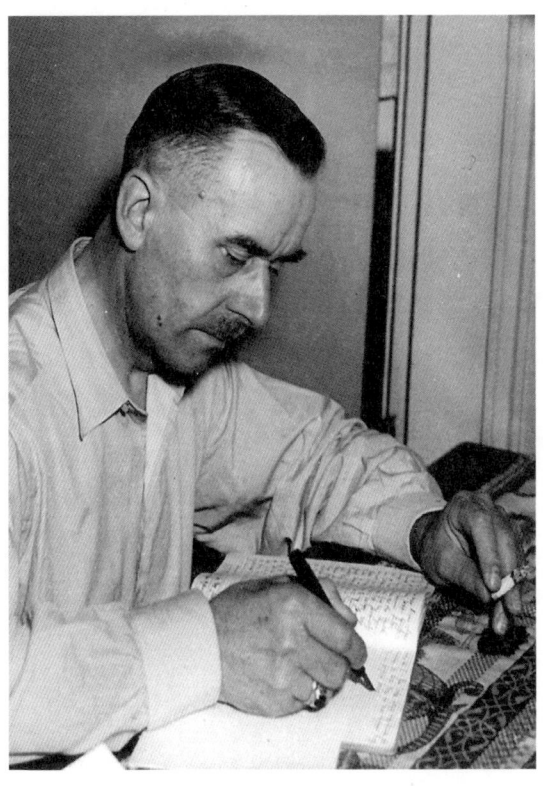

1939

토마스 만
Thomas Mann
1875~1955

11

순수한 시각 되찾기

세상에 재미없는 주제는 없다.
무심한 인간이 존재할 뿐이다.
길버트 키스 체스터턴

예술가의 모든 작품은
자기 영혼의 모험이 표현되어야 한다.
윌리엄 서머싯 몸

11

습관의 방해

천재는 감수성이 예민한 아이가 자신의 세상을 넓혀 나가면서 느끼는 생생하고도 강렬한 흥미를 평생 잃지 않는다. 대개 우리는 사춘기까지만 해도 빠르게 반응하는 이러한 능력을 유지한다. 하지만 어른이 되고 나서도 그러한 관심을 간직하고 살아갈 만큼 운이 좋은 사람은 아주 드물다. 젊었을 때조차도 우리 중 대부분은 어쩌다 가끔만 깨어 있으며, 나이를 먹을수록 보고 느끼고 듣는 감각이 점점 무뎌진다. 너무나 많은 사람들이 개인적인 문제에 둘러싸여 하루하루를 아무 생각 없이 보내면서 특별히 중요하지도 않은 사소한 문제에만 신경을 쓴다. 진짜 신경증 환자는 자신의 존재 속 아주 깊숙한 곳에 묻혀 있는 문제에 푹 빠져 지내느라 자신이 지금 무슨 생각을 하고 있는지조차 알지 못한다. 신경증 증세는 현실 세계에서의 무능력으로 나타난다. 정상인 사람일수록 습관에 지나치게 얽매여 자신의 눈앞에서 일어나는 재앙이나 승리 행진에 가로막혀 꼼짝 못하는 상황처럼 그야말로 눈길을 끄는 사건을 빼면 자신의 고정관념을 비집고 들어갈 수 있는 일이 거의 없다. 우리는 자신이 미처 의식하지 못하는 사이에 이런 상태에 빠져든다.

우리 모두가 별다른 저항 없이 순순히 받아들이는 권태는 작가에게 매우 위험하다. 권태로워지면 우리는 일상의 관찰력, 신선한 감각, 새로운 생각을 더 이상 스스로 끌어내지 못한다. 너나 할 것 없이 소재를 찾기 위해 인생의 똑같은 시기로 되돌아가 유년기나 청소년기의 감동을 끊임없이 쓰고 또 쓰는 경향을 보이는 이유는 바로 이 때문이다.

권태의 원인

어찌 된 노릇인지 할 이야기가 한 가지밖에 없는 듯한 작가가 있다. 물론 책마다 등장인물의 이름도 다르고, 그들이 처한 상황도 최소한 표면상으로는 다르다. 그들의 이야기는 해피 엔딩으로 끝나기도 하고 비극적인 결말로 끝나기도 한다. 그런데도 우리는 그 작가의 새 작품을 읽을 때마다 전에도 똑같은 이야기를 들었다고 느낀다. 이름이 어떻든 상관없이 독자는 눈송이가 여자 주인공의 눈썹에 떨어져 녹아내릴 것이라거나, 숲속을 거닐다가 여자 주인공의 머리칼이 잔가지에 걸릴 것이라는 점을 쉽게 예상할 수 있다. 데이비드 허버트 로런스(1885~1930, 영국 소설가)의 남자 주인공은 감정이 북받치면 랭스터(영국 랭커셔 주의 상업 도시) 사투리가 튀어나올 테고, 스톰 제임슨(1891~1986, 영국 소설가)의 여자 주인공은 대대로 조선업을 하는 집안 출신에 광고 작가로 성공을 거둘 확률이 높다. 캐슬린 노리스(1880~1966, 미국의 여류 소설가)는 적어도 두 권에 한 권마다 햇빛이 잘 드는 부엌에서 채소 따위를 섞는 파란색 주발을 독자 앞에 내밀 것이다. 이런 사례를 나열하

자면 한도 끝도 없다.

우리에게 감정적으로 가치를 지니는 소재를 다시 포장하고픈 유혹은 저항이 거의 불가능할 정도로 아주 강하다. 게다가 재포장 결과가 훌륭하다면 굳이 삼갈 이유도 없다. 하지만 많은 경우 재포장이 무분별하게 이루어지다 보니 작가가 조금만 더 노력을 기울였다면 누가 보아도 타당하고, 감정적으로 효과가 있고, 훨씬 덜 진부한 글을 선보일 수도 있었지 않나 하는 의구심을 불러일으킨다. 사실 우리 모두는 유년기의 밝고 따스한 빛 아래서 보았던 것들을 떠올리며 장면에 생기를 불어넣고자 할 때마다 그 시절의 기억으로 돌아가는 경향이 있다. 하지만 똑같은 일화와 소재를 반복해서 사용할 경우 효과는 떨어지기 마련이다.

순수한 시각 되찾기

고정관념은 얼마든지 벗어던질 수 있다. 밤낮으로 망각의 외투를 걸치고 돌아다니지 않아도 된다. 하지만 오랫동안 자신의 문제에만 빠져 지내다 관심을 밖으로 돌리는 법을 터득하기란 생각보다 쉽지 않다. 단순히 앞으로는 절대 잊어버리지 않겠다고 결심하는 것만으로는 부족하다. 작가라면 헨리 제임스(1843~1916, 미국 소설가)의 충고를 받아들여 꼭 지켜야 한다.

"아무것도 잃어버리지 않는 사람이 되라."(『불완전한 초상들(Partial Portraits)』(1888)에 수록된 수필 「소설 기법(The Art of Fiction)」 중에서)

그런 바람직한 상태에 이르려면 매일 조금씩 시간을 따로 내서 아이처럼 '순수한 시각'을 되찾는 훈련을 해야 한다. 하루에 30분씩 눈을 크게 뜨고 매사에 호기심을 보였던 다섯 살 시절로 돌아가라. 한때는 숨쉬기처럼 자연스러웠던 일을 일부러 하려니 신경이 쓰이겠지만 얼마 지나지 않으면 새로운 소재를 마구 모아들일 수 있게 될 것이다.

하지만 소재를 당장 사용하려고 해선 안 된다. 무의식이 새로운 소재에 동화되어 이를 자기 것으로 완전히 흡수하는 기적을 이룰 때까지 기다려야 한다. 그렇지 않을 경우 의미 없고 사소한 사실의 조각만 손에 넣게 된다. 따라서 처음 와본 거리를 지나는 행인처럼 늘 긴장하고 있어야 한다.

낯선 거리의 행인

낯선 마을이나 낯선 나라에 처음 갔을 때의 느낌이 어떤지 잘 알 것이다. 런던 시내를 질주하는 커다란 빨간색 버스와 미국과는 방향이 정반대인 도로가 처음에는 신기하지만 곧 뉴욕의 녹색 버스처럼 쉽게 피할 수 있게 되면서, 매일 출근길에 지나치는 약국 진열창처럼 별다른 감흥을 주지 못한다.

하지만 당연하게만 여기지 않는다면 약국 진열창도, 우리를 일터로 데려다주는 버스도, 북적이는 지하철도 도원경처럼 신기해 보일 수 있다. 버스를 타거나 걸어서 거리를 지날 때 15분만 시간을 내서 눈에 띄는 사물 하나하나에 대해 다른 사람에게 설명하듯 자신에게 말해보라. 버스는 겉이 무슨 색깔인가?(단지 녹색이나 빨간색이 아니라 샐비어 색이나 올리브 그린, 자주색이나 주홍색처럼 구체적으로.) 입구는 어디인가? 차장과 운전사가 따로 있는가, 아니면 한 사람이 차장 겸 운전사 역할을 모두 하고 있는가? 버스 내부, 예를 들어 벽, 바닥, 좌석, 광고 포스터는 무슨 색깔인가? 좌석은 어느 쪽을 향하고 있는가? 맞은편에 누가 앉아 있는가?

옆사람들은 어떤 옷차림을 하고 있는가, 서 있는가, 앉아 있는가, 독서를 하고 있는가, 아니면 졸고 있는가? 어떤 소리가 들리는가, 어떤 냄새가 나는가, 손잡이 가죽이나 스쳐 지나가는 외투 자락의 느낌은 어떤가? 잠시 후 집중력이 떨어지겠지만 장면이 바뀔 때마다 집중력을 다시 회복하도록 노력해야 한다.

다음으로 맞은편에 앉아 있는 사람을 관찰하라. 어디서 탔으며, 행선지는 어디일 것 같은가? 얼굴, 태도, 옷차림에서 그 사람에 대해 무엇을 짐작할 수 있는가? 고향은 어디일 것 같은가?(버지니아 울프의 소설집 『월요일 또는 화요일(*Monday or Tuesday*)』에 수록된 단편 「쓰지 않은 소설(Unwritten Novel)」을 참조하라.)

일주일에 한두 번 새로운 경험을 하려면 낯선 거리를 거닐거나, 전시회에 들르거나, 낯선 동네에 가서 아무 영화관이나 찾아 들어가는 것이 도움이 될 수 있다. 하지만 삶의 어느 순간이든 활용하기에 따라 새로운 경험이 될 수 있으며, 깨어 있는 시간 대부분을 보내는 방도 관찰력을 키우는데 낯선 거리 못지않게 효과가 높다. 자신의 집,

가족, 친구, 학교나 사무실을 일상에서 벗어났을 때 사용하는 시선으로 바라보도록 노력하라. 우리 귀에 너무 자주 들려서 그 고유한 음색을 잊어버린 목소리들이 있다. 병적일 만큼 예민하다면 모를까, 그렇지 않은 이상 가장 친한 친구가 특정 단어를 자주 사용하는 경향이 있다는 사실을 놓치기 쉽다. 그래서 그 단어를 무심결에 문장에 사용했다가 그 친구를 아는 사람에게 우리가 누구를 모방하고 있는지 금세 들통났던 경험이 한두 번쯤은 있을 것이다.

정말로 글을 쓰고 싶다면 이런 간단하고 사소한 훈련이 크게 도움이 된다. 책을 읽으면서 따분하고 무미건조한 마음을 좇아가고 싶어하는 사람은 아무도 없다. 마음은 쉽게 신선해질 수 있다. 무의식의 조작에 무릎 꿇기 전에 자신의 생각을 구체적인 말로 옮겨놓아야 한다. 반드시 정확한 표현을 찾아야 할 필요는 없지만 긴장의 끈을 놓치면 얼마든지 활용할 수 있는 소재들이 손가락에서 빠져나가고 만다. '이건 꼭 기억해둬야지.'라고 생각할 경우 그 이면을 들여다보면 대개는 힘든 일을 회피하는 핑계를 대고 있기 십상이다. 물론 알맞은 표현이 쉽게 떠오르지 않을 수도 있다. 하지만 단지 그 이유 때문에 새로운 느낌에 딱 어울리는 단어를 찾는 작업을 포기해선 안 된다. 올바른 표현을 찾으려 끈질기게 노력하다 보면 정말 필요할 때 바로 이거다 싶은 문구가 저절로 생각날 것이다.

미덕에서 오는 보답

이런 식으로 자신을 바라보기 시작하면 곧 아침에 쓰는 글이 전보다 더 원숙하고 수준이 높아졌다는 사실에 주목하게 될 것이다. 매일 새로운 소재를 쉽게 발굴할 수 있을 뿐만 아니라 마음속에 숨어 있는 기억을 불러낼 수 있다. 새로운 사실들이 꼬리에 꼬리를 물고 자신의 본성 깊숙이 내려가 감각과 경험, 지나간 기쁨과 슬픔, 자신의 기억 깊은 곳에 자리하는 옛 시절과 완전히 잊고 지냈던 일화를 남김없이 끄집어낸다.

천재의 재능이 마르지 않는 이유는 바로 이 때문이다. 천재는 자신에게 일어났던 일은 뭐든 활용한다. 천재에게 너무 깊숙이 가라앉아 되불러낼 수 없는 경험이란 없다. 천재는 어떤 상황을 막론하고 상상력에 기대 거기에 딱 맞는 이야기를 찾아낼 수 있다. 무관심과 권태의 나락에 빠져드는 것을 거부한다면 삶의 모든 측면을 글의 소재로 되살려낼 수 있다.

12

독창성의 원천

상상력은 훈련으로 기를 수 있다.
또 일반적인 믿음과 달리
젊었을 때보다 성숙했을 때 훨씬 뛰어나다.
윌리엄 서머싯 몸

대부분의 사람들은
만사를 당연하게 여기는
거의 무한한 능력을 지니고 있다.
올더스 헉슬리

12

모든 작가는 글의 소재 대부분을 자기 스스로 찾아야 한다. 이번 주제는 다루기가 여간 까다롭지 않다. 하지만 아무리 까다롭다 하더라도 반드시 짚고 넘어가야 한다. 이 점을 제대로 이해해야만 '독창성'을 이루는 요소를 둘러싼 오해를 깨끗이 날려버릴 수 있기 때문이다.

잡히지 않는 특징

어떤 책이든, 어떤 편집자든, 어떤 글쓰기 교사든 작가로 성공하는 데 가장 중요한 요소는 독창성이라고 말할 것이다. 다들 입만 열었다 하면 그 타령이다. 끈질기게 비결을 물어오는 작가 지망생에게 그들은 이른바 '독창성'을 보여주는 작가의 작품을 들먹이기도 하는데, 많은 경우 그런 사례는 초보 작가가 흔히 저지르는 과오에 책임이 있다.

편집자는 사례를 통해 자신의 충고에 방점을 찍을 요량으로 이렇게 말한다.

"윌리엄 포크너처럼 독창성을 발휘하라."

또는 이렇게 말한다.

"뭔가 대단한 것을 보여주려거든 펄 벅(1892~1973, 1938년에 노벨 문학상을 수상한 미국 소설가) 여사를 참고하라!"

그러면 순진한 작가 지망생은 조언의 요지를 완전히 놓친 채 집으로 돌아가 '굉장한 포크너 단편 소설'이나 '완벽한 펄 벅 소설'을 선보이기 위해 온 힘을 기울인다. 편집자와 글쓰기 교사로 오랫동안 일하면서 얻은 중요한 교훈 한 가지가 있다면 상상력이 풍부한 작가는 본보기로 삼은 작품 안에서 자기한테 어울리는 특징을 찾아낸다는 점이다. 작가 지망생이 똑같은 옷본을 사용해 그럴 듯한 이야기를 만들어낼 수 있는 것은 그 때문이다.

하지만 성공하는 사람이 한 명이라면 실패하는 사람은 수백 명이다. 다른 사람의 옷본을 빌려 외투를 재단할 경우 십중팔구 실패하기 마련이다. 독창성은 밖에서 오는 것이 아니기 때문이다.

작가가 세상에 기여할 수 있는 일은 한 가지뿐이다. 즉 세상에 대한 이해를 자신의 눈에 비치는 그 모습 그대로 공통된 경험 안에 담아낼 수 있을 뿐이다. 작가는 글쓰기 인생에서 이 점을 되도록 빨리 깨닫는 것이 좋다. 어떤 의미에서 사람은 저마다 다르다. 저마다 다른 부모에게서 태어나고, 태어날 당시의 그 나라 역사 또한 각각 다르다. 겪는 경험도 저마다 다르고, 내리는 결정도 각기 다르다. 그대와 똑같은 가치관을 가지고 세상을 대하는 사람 또한 없다. 따라서 이런 조건에 익숙해질 수 있다면 주어진 상황이나 특징에 대한 자신의 생각을 정확하게 말할 수 있다. 또한 세상 모든 사람 중에서 오로지 자신만이 아는 이야기를 풀어낼 수 있다면 당연히 독창적인 작품을 만들어낼 수 있다.

매우 간단해 보이지만 보통의 작가는 할 수 없는 일이 바로 이것이다. 읽을 수 있는 능력을 터득한 뒤로 다른 사람의 글에 푹 빠져버리기 때문에 안타깝게도 다른 사람의 눈으로 세상을 바라보기 십상이다. 물론 이따금 상상력이 풍부하고 사고가 유연한 작가가 꽤 훌륭한 작품을 써내면 우리는 독창적인 이야기에 가깝거나 모방한 티가 전혀 나지 않는 이야기를 접하게 된다. 하지만 대개 이해의 부족, 즉 자신의 소설 속 등장인물에 대한 느닷없는 오해는 작가가 자신이 창조한 인물들을 다른 사람의 눈으로 바라보기 때문에 발생한다. 다시 말해 그는 자신이 창조해낸 인물들을 윌리엄 포크너의 눈으로, 어니스트 헤밍웨이(1899~1961, 1954년에 노벨 문학상을 수상한 미국 소설가)의 눈으로, D. H. 로런스의 눈으로, 버지니아 울프의 눈으로 바라본다.

독창성은 모방에서 나오지 않는다

이러한 작가들의 미덕은 그들을 모방하는 사람들이 너무나 비굴하게 저지르는 짓을 절대 하지 않는 데 있다. 그들은 세상을 자기만의 눈으로 바라보면서 자신의 눈에 비친 세상을 글로 옮겨놓는다. 그들의 작품이 솔직하고 활기가 넘치는 이유는 그 어떤 편향이나 왜곡 없이 개성을 있는 그대로 드러내기 때문이다. 시어도어 드라이저(1871~1945, 미국 소설가)를 흉내내는 사람이 쓴 이야기에는 속임수의 냄새가 배어 있기 마련이고, D. H. 로런스를 어설프게 흉내낸 글과 그가 직접 쓴 글은 확연하게 다를 수밖에 없다. 그런데도 어리석거나 영웅을 숭배하는 초보 작가에게 이 점을 상기시키기가 너무나 어렵다.

허를 찌르는 결말

작가가 모방의 함정에서 용케 벗어나 독창적인 글을 쓰려고 할 경우 종종 이야기가 갈피를 잡지 못하고 엉뚱한 방향으로 흘러가곤 한다. 이는 작가가 오로지 독창성이라는 신만을 섬기며 중대한 기로에서 다이너마이트를 설치해 결론을 완전히 뒤집어엎고 등장인물의 행동에서 개성을 제거해버리는 바람에 빚어지는 결과다. 그의 이야기는 온갖 끔찍한 요소들로 가득 넘쳐나거나, 아니면 드물게 운이 좋아 장애물을 무사히 비켜가거나 둘 중 하나이기 쉽다. 글쓰기 교사나 편집자가 이야기가 신빙성이 떨어진다고 지적하면 작가는 『드라큘라(*Dracula*)』(아일랜드 소설가 브램 스토커(1847~1912)가 1897년에 발표한 소설)나 '캐슬린 노리스'를 들먹인다. 훌륭한 이야기가 갖추어야 할 최소한의 요건도 충족하지 못했다는 의견에, 즉 그러한 사건이 일어나는 무대가 되는 세상을 그가 모방하는 작가들만큼 거짓 없이 일관되게 그려내지 못했다는 의견에 작가는 쉽게 수긍하려 들지 않는다.

정직, 독창성의 근원

결국 이런 이야기들이 실패하는 이유는 그 자체의 일관성 부족 때문이다. 작품이 일관성을 지니는 데 가장 중요한 밑바탕은 엄중한 정직성이다. 그런데도 이를 간과하는 경우가 많은 것 같아 안타깝다. 만약 작가가 자신의 참 모습에 눈을 뜬다면, 삶의 중요한 문제 대부분에 대해 자신이 진정으로 믿는 것이 무엇인지를 발견한다면 솔직하고 독창적이면서 독특한 이야기를 쓸 수 있을 것이다. 하지만 그럴 가능성은 매우 희박하며, 스스로의 확신을 이루는 뿌리까지 파고든다는 것은 여간 어려운 일이 아니다.

그동안의 경험을 들어 오늘의 신념이 내일의 신념이 되리라는 보장이 없다고 확신하며 자신을 송두리째 내던지길 망설이는 초보 작가가 너무나 흔하다. 이런 초보 작가는 일종의 주문 같은 것에 사로잡히게 된다. 그는 궁극적인 지혜가 저절로 모습을 드러내주길 기다리다가 그 시기가 너무 늦어지면 자신은 글을 쓰긴 글렀나 보다라고 지레 판단해버린다. 이러한 기다림이 (간혹 그렇듯이) 단지 글쓰기를 막연히 미루는 신경과민성 핑계에 그치는 것이 아니라 진짜 어려움으로 작용할 경우 그는 전력투구하지 않고 건성으로 반쯤 이야기를 쓰다가 거기서 그치고 만다.

이런 작가에게 정말 필요한 것은 혼자만 그런 일을 겪는 게 아니라는 점을 깨닫는 것이다. 우리 모두는 계속 성장할 뿐만 아니라, 글을 쓰려면 우리의 현재 신념의 토대 위에서 글을 써야 한다. 마지못해 마음을 다잡고 글을 쓴다 해도 자신의 현재 상태를 보여주는 최종 관점에서 동떨어져 있다면 죽는 순간까지도 여전히 미완성인, 스무 살 시절 세상에 대해 가졌던 최종 확신과도 거리가 먼 세상에 머물러 있기 십상이다.

자기 자신을 믿으라

프랑스의 작가 조르주 폴티(1868~?)는 『서른여섯 가지 극적인 상황(*L'art d'inventer les personnages*)』에서 인간이 처할 수 있는 극적인 상황은 서른여섯 가지에 이르며, 등장인물을 지금껏 어느 누구도 상상해본 적이 없는 극의 중심에 둔다고 해서 이야기가 흡인력을 갖는 것은 아니라고 말한다. 설령 그러한 상황을 찾아낸다 해도, 자신이 읽은 이야기에서 뭔가 이렇다 할 특색을 찾아내려 애쓰거나 찾지 못해 막막해하는 독자에게 그것을 전달하려면 심금을 울리는 재주가 있어야 한다. 주인공이 어떻게 어려움에 대처하느냐, 그런 막다른 골목에 대해 작가 자신은 어떻게 생각하느냐, 이런 것들이 바로 작가의 이야기를 진정 작가만의 것으로 만들어준다. 이야기의 성패를 판가름하는 것은 작품을 통해 분명하게 드러나는 작가 자신의 개성이다. 그 자체로 진부한 상황은 없다고 나는 감히 말하고 싶다. 다만 무신경하거나, 상상력이 부족하거나, 속을 털어놓지 않는 작가가 있을 뿐이다. 인간은 동료 인간이 맞닥뜨린 궁지가 속속들이 묘사될 때 감동을 받는다. 예를 들어 『만인의

길(*The Way of All Flesh*)』(1903, 영국 작가 새뮤얼 버틀러의 소설), 『클레이행어(*Clayhanger*)』(1910~1918, 영국 작가 아널드 베넛의 3권짜리 소설), 『인간의 굴레(*Of Human Bondage*)』(1915, 영국 작가 윌리엄 서머싯 몸의 소설)는 주제가 서로 비슷하다. 하지만 그 가운데 진부한 작품이 있는가?

그대의 분노와 나의 분노

아그네스 뮤어 매켄지(1891~1955, 스코틀랜드 작가)는 『문학의 과정(*The Process of Literature*)』에서 이렇게 말한다.

"그대의 사랑과 나의 사랑, 그대의 분노와 나의 분노는 똑같은 이름으로 불린다는 점에서 서로 매우 비슷하다. 하지만 우리의 경험과 이 세상 어느 두 사람의 경험에 비추어볼 때 그 둘은 완전히 똑같을 수 없다."

이 말이 그야말로 진실이 아니라면 예술은 토대도 기회도 없을 것이다. 이디스 워턴 여사도 《애틀랜틱 먼슬리(*Atlantic Monthly*)》 최근 호에 기고한 『어느 소설가의 고백(*The Confessions of a Novelist*)』에서 다음과 같이 잘라 말한다.

"사실 두 가지 기본 원칙이 있을 뿐이다. 첫째, 소설가는 글자 그대로의 의미로든 비유적인 의미로든(대부분의 경우 이 둘은 같은 의미다.) 자신의 팔이 미치는 범위 안에 있는 것만 다루어야 한다. 둘째, 주제의 가치는 작가가 그 안에서 무엇을 보고 또 그 안으로 얼마나 깊이 파고들 수 있느냐에 거의 전적으로 달려 있다."

가끔 위의 인용문을 되새겨보기 바란다. 자신의 글에 최종 가치를 부여하는 것은 바로 자신의 통찰력이며, 선하고 맑고 정직한 마음이 있는 곳에선 진부함이 발붙일 수 없다는 것을 깨닫게 될 테니.

하나의 이야기, 수많은 개작

강의를 시작하고 나서 초반에 나는 직접적인 예시를 통해 이 점을 증명해 보인다. 나는 학생들에게 줄거리에서 뼈대만을 간추린 이야기 시놉시스를 제출하라고 요청한다. 학생들이 제출한 시놉시스 중에서 나는 '가장 진부한' 시놉시스를 고른다. 다음은 한 수업 시간에 제출된 시놉시스다.

"천방지축인 아가씨가 결혼을 해서 돈에 대한

태도 때문에 남편을 거의 파멸시킨다."

고백하건대 이 글을 학생들에게 큰 소리로 읽어주면서 속으로 적잖이 걱정했다. 솔직히 나는 크게 기대하지 않았다. 개작이란 원래의 이야기에 '분리'라는 다소 복잡한 기술을 적용할 수 있어야, 다시 말해 어떤 생각을 접했을 때 즉각 떠오르는 자신의 반응이 뭔지를 파악해 첫 번째로 떠오른 연상을 그와 정반대로 바꾸어놓을 수 있어야 가능하기 때문이다. 어쨌든 학생들에게 그 주제에 관한 이야기를 쓴다고 가정하고 10분 동안 앞서 소개한 문장을 문단으로 늘려보라는 과제를 주었다. 그 결과 수강생 열두 명이 서로 다른 열두 편의 개작을 내놓았다. 열두 편의 개작은 어떤 편집자가 읽어도 사실은 그 모두가 출발점이 같다는 사실을 알아채지 못할 정도로 판이했다.

그중 첫 번째 개작은 골프 챔피언이라 안하무인이고 아마추어 시절부터 토너먼트에 참석한다며 이곳저곳을 여행하느라 남편을 거의 파멸시킨 여자의 이야기였다. 그 다음 개작은 정치인의 딸 이야기였다. 그녀는 아버지를 지지할 만한 사람들을 돈으로 구워삶고, 남편의 고용주에게도 너무 사치스럽게 접대하는 바람에 고용주의 눈에 자신의 그 젊은 오른팔이 승진을 너무 자만하는 것처럼 보일 정도였다. 그 다음 개작에서는 젊은 주부들의 씀씀이가 대체로 너무 헤프다는 주의를 받고 지나치게 근검 절약하다가 결국 남편의 인내심을 바닥내고 마는 여자가 등장했다.

두 번째 개작을 채 절반도 읽기 전에 교실은 웃음소리로 떠나갈 듯했다. 이 수업을 통해 학생들은, 상황을 바라보는 눈은 저마다 다르며, 자신에게는 너무도 당연해 보이는 것이 다른 사람들에게는 신선하고 뜻밖일 수 있다는 점에 주목했다. 물론 그중 한 학생은 유독 자신이 내놓은 의견만 너무 평범하다고 볼멘소리를 해댔지만 이 이야기는 실제로 있었던 일이다.

쌍둥이조차 똑같은 이야기 소재를 똑같은 각도에서 바라보지 않는다. 강조점의 차이는 늘 있기 마련이다. 다시 말해 역경을 야기하는 요인도 각기 다르게 선택하고, 그 역경을 해결하는 행동도 각기 다르게 선택하기 마련이다. 이 점을 의심의 여지없이 받아들일 수 있게 되면 감정적으로 자신의 관심을 사로잡을 만한 가치가 있는 생각이 떠오르는 대로 언제든 바로 활용할 수 있게 마음을 열 수 있다. 주제가 잘 떠오르지 않아 암중모색할 경우 듣기에는 간단할지 몰라도 다음의 충고가 도움이 될 것이다.

"자신이 의견을 개진하고 싶을 만큼 생동감 있는 이야기라면 뭐든 써도 상관없다."

어떤 상황이 그 정도로 관심을 끈다면 그 상황은 충분히 의미가 있으며, 그 의미가 무엇인지를 찾아낼 수 있다면 이야기의 토대는 이미 마련된 셈이다.

양도할 수 없는 개성

모든 글은 조리법이나 공식처럼 단지 정보 자체의 전달에만 그치는 게 아니라는 점에서 '설득력을 무기로 삼는 논문'이라고 할 수 있다. 작가는 독자의 관심을 붙잡아두면서 독자가 작가의 눈으로 세상을 바라보도록, 작가가 이끄는 대로 이 대목에서는 감동을 받고, 저 상황에서는 슬퍼하고, 또 다른 상황에서는 마음놓고 실컷 웃도록 유도한다. 그런 점에서 모든 소설은 설득력을 지닌다. 종류 여하를 막론하고 무릇 지어낸 이야기의 근저에는 작가의 확신이 자리한다.

따라서 작가는 마땅히 삶의 중요한 문제 대부분에 대해 자신이 진정으로 믿는 것은 무엇이며, 글의 소재로 사용하게 될 삶의 사소한 문제들에 대해선 어떤 생각을 가지고 있는지 정확하게 알고 있어야 한다.

질문 사항

여기 스스로를 진단하는 데 필요한 몇 가지 질문이 있다. 하지만 여기에 소개하는 질문들은 빙산의 일각일 뿐이다. 예로 제시된 질문들을 참고 삼아 머리에 떠오르는 다른 의문점들을 따라가면서 자신의 작업 철학에 대해 진지하게 생각해보기 바란다.

- 신을 믿는가? 믿는다면 어떤 측면에서?(영국 소설가 토머스 하디(1840~1928)의 '불멸의 수호신'(『테스』 중에서)이라는 측면에서, 아니면 H. G. 웰스의 '현현하는 신'이라는 측면에서?)
- 자유 의지를 믿는가, 아니면 결정론자인가? (예술가가 결정론자라는 생각은 너무도 모순이라

상상하기가 어렵다 하더라도.)
- 남자를 좋아하는가? 아니면 여자? 아니면 어린아이?
- 결혼을 어떻게 생각하는가?
- 낭만적인 사랑은 미망이자 올가미라고 생각하는가?
- "백 년이 지나도 모두 똑같을 것이다."라는 말을 심오한 진리라고 생각하는가, 아니면 얄팍한 속임수라고 생각하는가?
- 자신이 상상할 수 있는 가장 큰 행복은 무엇인가? 또 가장 큰 불행은?

이런 굵직한 질문에 명확한 답을 내놓지 못한다면 중요한 사안을 다루는 소설을 쓸 준비가 아직 안 된 상태다. 글의 토대가 되기에 충분하다고 확신할 수 있는 주제를 찾아야 한다. 훌륭한 작품은 흔들림 없는 확신에서 나오며, 그리하여 만인의 사랑을 받는다.

13

작가의 휴식

모든 좋은 말에는 그보다 좋은 침묵이 담겨 있다.
토머스 칼라일

침묵을 경청하는 것은 경이로운 일이다.
토머스 하디

13

작가는 그 어떤 직업보다도 명색뿐인 휴일을 많이 갖는다. 일하지 않는 시간이면 작가는 대개 구석에 틀어박혀 책을 읽거나 그게 여의치 않을 경우 다른 작가들과 만나 잡담을 나눈다. 작가들끼리의 잡담은 더러 소중할 때도 있긴 하지만 많은 경우 기력을 고갈시키고 만다. 게다가 책을 너무 많이 읽는 것도 아주 나쁘다.

명색뿐인 휴일

글쓰기를 생업으로 삼든 삼지 않든 우리 모두 말에 너무 길들여진 나머지 말에서 벗어날 수가 없다. 만약 오랫동안 혼자 있으면서 글도 읽을 수 없다면, 금세 우리는 행동주의자의 표현처럼 '목소리를 거의 내지 않고' 자신에게 말을 걸게 된다. 세상에서 이것만큼 입증하기 쉬운 일도 없다. 말 없이 혼자 몇 시간을 지내보라. 책이나 신문은 물론이고 여타 모든 인쇄물을 치우라. 긴장을 느끼기 시작했을 때 누군가에게 전화하고픈 유혹도 단호히 뿌리치라. 몇 분도 채 지나지 않아 속으로 책을 읽거나 말을 할 계획을 꾸미기 십상일 테니. 곧이어 우리는 지인에게 방금 그에 대해 떠오른 생각을 이야기할 계획을 세우고, 스스로의 양심을 점검하면서 자신에게 충고를 하고, 노래 가사를 생각해내려고 애쓰고, 이야기 줄거리를 고민하는 등 엄청나게 많은 말을 사용하는 자신을 발견하게 된다. 사실 말 없는 공백을 메우기 위해 말이 쇄도한다고 해도 과언이 아니다.

자유로웠던 시절에는 글이라곤 단 한 줄도 써본 적이 없는 죄수가 종이가 손에 잡히는 족족 글을 끼적인다. 침묵하며 안정을 취해야 한다는 의사의 권고 때문에, 병원 침대에 누워 있는 환자들이 읽으려고 챙겨두었다가 읽지 못한 책이 얼마나 많은지 모른다. 그중 가장 최근 책은 아마도 마거릿 아이어 밴스(1886~1967, 미국의 소설가 겸 극작가)의 『은총의 세월(*Years of Grace*)』(1930, 첫 소설이자 1931년 퓰리처상 수상작)이 아닐까 싶다. 그리고 오래전에 윌리엄 앨런 화이트(1868~1944, 미국의 언론인 겸 작가)의 소설 『어떤 부자(*A Certain Rich Man*)』(1909)는 권고 휴직 중이던 작가가 '잔잔한 바다에 조약돌을 던지다가' 만들어냈다는 이야기를 읽은 기억도 난다. 두 살배기 아이도 혼자 말을 하고, 농부는 젖소에게 말을 건다. 말을 사용하는 법을 배운 이상 우리는 영원히 말을 사용할 수밖에 없다.

말 없는 여가 시간

결론은 간단하다. 스스로 마음이 내켜서 글을 쓰고 싶다면 말 없이도 잘 지낼 수 있어야 한다. 극장에 가거나, 교향악단의 연주를 듣거나, 박물관에 들르기보다 혼자 장시간 산책에 나서거나, 혼자 버스를 타보라. 진지하게 계획을 세워 말하거나 읽는 것을 멀리한다면 큰 보상이 따를 것이다.

내가 아는 한 유명한 작가는 매일 공원을 찾아 두 시간씩 벤치에 앉아 멍청하게 보낸다. 그 전에 그는 몇 년 동안 자기 집 뒤뜰 잔디에 누워 하늘을 올려다보곤 했는데, 가족 중 누군가가 그가 혼자서 너무 편안하게 빈둥대는 모습을 보고 그때마다 밖으로 나와 그 옆에 앉아 말을 걸었다. 그런데 얼마 지나지 않아 그는 구상중인 작업에 대해 이야기하기 시작했고, 놀랍게도 속에 있는 생각을 입 밖으로 꺼내 말하는 순간 글을 쓰고 싶다는 다급한 갈망이 갑자기 사라져버렸다. 그래서 요즘 그는 일부러 매일 오후마다 온다 간다 말 없이 슬쩍 사라져(다행히 발각되는 일이 거의 없다.) 주머니에 손을 질러넣고 공원에서 비둘기를 쳐다본다.

또 다른 작가는 거의 음치에 가까운데, 긴 교향곡이 연주되는 연주회장을 찾아 들어가면 집필 중인 이야기를 끝낼 수 있다고 말한다. 조명, 음악, 아무것도 하지 않고 가만히 있는 정지 상태가 일종의 '예술적 혼수 상태(무아지경)'를 야기해 몽유병 상태로 연주회장을 빠져나와 정신을 차려보면 어느새 타자기 앞에 앉아 있다는 것이다.

자신만의 자극을 찾으라
자신에게 가장 적합한 여가 활동을 찾으려면

직접 실험해보는 길밖에 없다. 하지만 끝내야 할 작품이 있을 때는 책이나 연극이나 영화는 되도록 피하는 게 좋다. 책이나 연극의 내용이 좋을수록 정신이 흐트러질 뿐만 아니라 실제로 기분이 변해 생각이 바뀐 상태에서 다시 글을 쓰게 된다.

다양한 여가 활동

성공한 작가들을 보면 대부분 침묵의 여가 활동을 하고 있다. 예를 들어 어떤 작가는 승마가 긴장을 푸는 데 가장 좋다는 것을 알아냈다. 또 어떤 여류 작가는 소설을 쓰다가 어려운 대목에 부딪치면 자리를 털고 일어나 한동안 혼자 하는 카드놀이에 빠진다고 고백했다. (캐슬린 노리스 여사가 그랬는데, 카드 패를 뒤집었을 때 항상은 아니지만 에이스를 알아맞힐 정도로 무척 즐겼던 것 같다.) 또 다른 여류 소설가는 전쟁 기간 중에 이야기가 '지글거릴' 때마다 페넬로페(그리스 신화에서 남편 오디세우스를 기다리며 날마다 뜨개질을 한 여인—옮긴이)처럼 뜨개바늘을 들고 진홍색 털실 직물을 풀었다 다시 짰다 하다 보면 어느새 이야기가 자아지더라는 경험을 털어놓았다. 어느 탐정 소설가에게는 낚시가 그런 역할을 했고, 또 다른 작가는 몇 시간씩 아무 생각 없이 뭔가를 그저 깎고 다듬다 보면 마음이 안정된다고 토로했다. 또 어떤 작가는 손에 잡히는 물건마다 그 물건의 이름 머리글자를 수놓는다고 말했다.

열정이 넘치는 작가만이 이런 활동을 '기분 전환'이라는 매혹적인 이름으로 부를 자격이 있다. 그리고 성공한 작가일수록 작가로서 스스로에 대해 말할 때 좋은 책을 들고 후미진 곳을 찾는다는 이야기는 거의 하지 않는다는 점에 주목해야 한다. 물론 성공한 작가들은 책 읽기를 좋아한다. (사실 모든 작가는 먹는 것보다 책 읽는 것을 더 좋아한다.) 하지만 아무리 책 읽는 것을 좋아한다 하더라도 그들은 정신을 깨어 있게 하는 것은 말 없는 활동이라는 사실을 오랜 경험을 통해 이미 깨달았다.

1940

윌리엄 포크너
William Faulkner
1897~1962

14

습작의 정석

우리는 쓰고 싶어서 쓰는 것이 아니라
써야 하기 때문에 쓴다.
윌리엄 서머싯 몸

진정한 작가에게는 각각의 작품이
이룰 수 없는 것에 다시 도전하는 새로운 시작이다.
항상 작가는 한 번도 이루어진 적이 없거나
다른 이들이 도전했다가 실패한 것에 도전해야 한다.
그러고 나면 이따금 큰 운이 따라 성공하게 된다.
어니스트 헤밍웨이

14

되새김

몇 주 동안 아침에 일찍 일어나 글을 쓰는 데 성공하고 나서 두 번째 단계로 정해진 시간에 혼자 빠져나와 글을 쓰는 데도 성공했다면 이제 그 둘을 결합할 차례다. 하지만 성공한 작가라면 누구나 알고 있는 중요한 절차를 준비하려면 아직도 갈 길이 멀다. 그 절차가 왜 그렇게 비밀에 싸여 있는지, 그 절차라는 것이 어째서 거의 모든 작가마다 각기 다른 형태로 나타나는지는 수수께끼다. 아마도 제각각 혼자 터득하다 보니 그것이 자신의 특별한 지식의 일부라는 점을 거의 깨닫지 못하기 때문이 아닐까 싶다. 하지만 이 문제는 또 다른 장에서 다루기로 하고 여기서는 의식과 무의식의 작업을 초보적인 수준에서나마 하나로 통합하는 방법에 대해 알아보자.

매일 아침 글을 쓰기 전에 자신의 작품을 다시 읽어봐선 안 된다는 주의 사항을 기억할 것이다. 앞에서 우리는 연상을 통해 무의식으로부터 일련의 생각을 불러내는 방법뿐만 아니라 무의식에 직접 다가가는 방법도 배웠다. 나아가 자신의 보폭을 찾으면 방해가 될 수 있는 본보기는 모두 눈앞에서 치워야 한다는 것도 기억할 것이다. 다른 사람의 영향력 아래 놓여 있는 한 신문이나 소설, 어느 누구의 말, 심지어 자신의 작품도 족쇄로 작용할 뿐이다. 우리는 생각의 주기에 아주 쉽게 끌려들기 때문에 자신이 읽은 책이나 신문의 어조에 자기도 모르게 젖어든다.

문체의 전염성

내 말을 정 믿지 못하겠다면 다른 사람의 문제에 얼마나 쉽게 빠질 수 있는지 예를 통해 알아보자. 어조와 문제에서 강한 개성을 자랑하는 작가를 한 명 고르라. 찰스 디킨스(1812~1870, 영국 소설가), 윌리엄 메이크피스 새커리(1811~1863, 영국 소설가), 조지프 러디어드 키플링(1865~1936, 1907년에 노벨 문학상 수상한 영국의 소설가 겸 시인), 어니스트 헤밍웨이, 올더스 헉슬리(1894~1963, 영국의 소설가 겸 평론가), 이디스 워턴, 펠럼 그렌빌 우드하우스 등 자신이 좋아하는 작가라면 누구든 상관없다. 피로가 약간 느껴지면서 처음의 관심이 시들해질 때까지 그 작가의 작품을 읽어라. 이제 책을 한쪽으로 치워놓고 아무 주제든 글을 몇 쪽 쓰라. 그런 다음 그 글과 아침에 쓴 글을 비교해보라. 필시 그 둘 사이의 분명한 차이를 발견하게 될 것이다. 아마 미처 의식하지 못하는 사이에 자신이 고른 작가의 방향대로 강조점과 어조를 바꾸었을 것이다. 패러디의 의도가 전혀 없었고, 심지어는 되도록 독자적으로 글을 쓰려고 했는데도 너무나 비슷해서 어처구니가 없을 때도 더러 있다. 왜 이런 현상이 나타나는지를 밝히는 일은 심리학자에게 맡겨야 할 듯하다.

자신만의 문제를 찾으라

무엇보다도 자신만의 문제, 자신만의 주제, 자

신만의 어조를 찾는 것이 중요하다. 그래야 자신의 본성을 이루는 모든 요소가 그대가 참다운 작가로 성장하는 데 밑거름이 될 수 있다. 자신의 글을 면밀히 연구하라. 그 안에서 단편 소설이나 (예를 들면 《뉴요커(The New Yorker)》 스타일의) 확장된 일화, 또는 짤막한 수필의 핵심이 될 만한 훌륭한 생각을 발견하게 될 테니. 그렇게 찾아낸 생각은 아마도 이야기 소재로 그만일 것이다. 아침에 쓰는 글은 그 안에 담긴 내용이 무엇이든 간에 그대에게 진정한 가치를 지닌다. 잘 찾아보면 그 주제에 대해 수박 겉 핥기식 논평 이상의 뭔가 말할 거리가 분명히 있기 마련이다. 지나치게 산만한 배경으로부터 자신의 생각을 추려내 진지하게 고려해볼 만한 주제로 압축해 나가라.

맹아기의 이야기

그걸로 과연 무엇을 만들 수 있을까? 가능한 한 단순한 생각, 즉 앉은자리에서 끝낼 수 있는 뭔가를 찾는 것이 중요하다. 그렇다면 이 경우에는 무엇이 필요할까? 강조점? 잠결에 떠올랐던 생각을 구체화해줄 등장인물? 갈등이 중요해 보이지 않거나 간과될 위험을 피하려면 특정 요소를 아주 분명하게 못박아두어야 하지 않을까? 어떻게 해야 할지 결정했으면 그 다음엔 세부 사항에 신경 써야 한다.

준비 기간

그대는 아직 글을 쓸 준비가 되어 있지 않다는 점을 명심해야 한다. 지금 하고 있는 작업은 예비 단계일 뿐이다. 하루나 이틀은 다음과 같은 일에 매달리게 될 것이다. 즉 세부 사항에 대해 고민하면서 필요할 경우 사실을 채워줄 책이나 참고 도서에 의지하게 될 것이다. 그러고 나면 쓰려는 이야기에 대해 꿈을 꾸게 될 것이다. 등장인물을 하나하나 떼어놓고 생각하다가 어느 순간부터 하나로 뭉뚱그려 생각하게 될 것이다. 의식과 무의식을 번갈아 활용하는 등 그 이야기를 풀어나가기 위해 할 수 있는 일을 모두 하게 될 것이다. 아마도 고칠 내용이 끝도 없어 보일 것이다. 여주인공은 어떻게 처리할까? 무남독녀, 아니면 일곱 중 장녀? 교육 수준은 어느 정도가 좋을까? 일하는 여성으로 설정할까? 그 다음엔 남자 주인공에 이어 이야기에 활기를 불어넣는 데 필요한 2차 등장인물에게도 똑같이 공을 들인다. 그러고 나서는 장면과 각 등장인물의 배경에 관심을 기울인다. 그러한 배경 장면은 굳이 쓸 필요까지는 없을지 몰라도 완성된 이야기에 훨씬 더 신빙성을 부여해주는 지식이다. (이 점과 관련해 영국의 소설가 겸 평론가인 포드 매독스 포드(1873~1939)는 자신의 최신작 『그것은 나이팅게일이었다(*It Was the Nightingale*)』(1933)에서 다음과 같이 말했다. "나는 자리에 앉아 소설을 쓰기 시작하기 전에 대개 모든 장면을 치밀하게 계획하며, 더러 대화까지도 사전에 모두 계획해둔다. 하지만 내가 쓰려는 장소의 아주 먼 시대로 거슬러 올라가는 역사를 알지 못하면 작업을 시작할 수 없다. 책이 아니라 내 눈으로 직접 관찰하며 창문의 모양, 문 손잡이의 특성, 부엌의 구조, 옷을 만드는 재료, 신발에 쓰인 가죽, 밭에 거름을 주는 방법, 버스 승차권의 특징을 확인해야 직성이 풀린다. 물론 이런 것들을 책에 사용하지는 않지만 등장인물의 손가락이 닿는 문 손잡이가 어떤 종류인지 모른다면 그 인물을 문 밖으로 내보내면서 나 자신에게 어떻게 흡족할 수 있겠는가?" 이 책은 글쓰기 과정에 대한 소중한 간접 정보들로 가득 차 있다.)

이런 식으로 자신이 할 수 있는 일을 빠짐없이

했다면 스스로에게 이렇게 말하라.

"목요일 열 시에 글을 쓰기 시작하자."

그러고 나서는 이야기에 대한 생각을 머릿속에서 완전히 몰아내라. 물론 그 생각이 이따금 수면으로 떠오르기도 할 것이다. 그럴 경우 굳이 기를 쓰고 거부할 필요는 없지만 그래도 피해야 한다. 아직은 글을 쓸 준비가 되어 있지 않기 때문에 다시 가라앉혀야 한다. 사흘이 지나도 그 생각에는 아무 해가 미치지 않을 것이다. 아니 오히려 도움이 될 것이다. 하지만 정확히 목요일 열 시에 자리에 앉아 글을 써야 한다.

자신 있게 글쓰기

이제 당장 시작하라. 6장에서 시간을 정해 그 시간은 반드시 지키는 훈련을 했을 때와 마찬가지로 변명을 늘어놓아서도 안 되고, 두려움에 덜미를 잡혀서도 안 된다. 무조건 자리에 앉아 글을 쓰기 시작하라. 첫 문장이 잘 떠오르지 않거든 공간을 비워두고 나중에 쓰면 된다. 되도록 빨리 써나가면서 자신이 쓴 글에 가능하면 관심을 덜 기울이는 것이 관건이다. 문장을 시작하고 끝낼 때마다 간단명료한 필치로 부담 없이 신속하게 작업하려고 노력하라. 다시 읽고 싶은 마음이 들더라도 참아야 한다. 가끔 한두 문장만 다시 읽어 올바른 경로로 가고 있는지 확인하라.

이런 식으로 스스로를 단련할 경우 훌륭한 작업 습관을 들일 수 있다. 생각에 잠기거나 전에 해결했어야 할 문제를 놓고 고민할 때는 타자기나 종이를 눈앞에서 치우는 것이 좋다. 본격적으로 글을 쓰기 시작하기 전에 이야기의 첫 번째와 마지막 문장을 정해두면 크게 도움이 될 수 있다. 그럴 경우 첫 번째 문장은 이야기 속으로 풍덩 뛰어들 때 내딛는 발판으로, 마지막 문장은 앞으로 헤엄쳐 나갈 때 몸을 잘 뜨게 해주는 부낭으로 활용할 수 있다.

완성된 실험

아무리 오래 붙잡고 늘어지더라도 습작의 끝은 완성된 작품이어야 한다. 시간이 지나면 앉은 자리에서 글을 완성하지 못할 경우에 대처하는 법을 터득하게 될 것이다. 타자기 앞에서 일어나기 전, 그러니까 작업의 열기가 아직도 한창 뜨거울 때 다음 번 작업에 대한 다짐을 하는 것이 가장 좋은 방법이다. 그렇게 할 경우 똑같은 기분을 유지하면서 이번에 글을 쓸 때와 다음 번에 글을 쓸 때의 차이를 별로 느끼지 못하게 될 것이다. 하지만 이야기를 일단 쓰기 시작했으면 그 날 끝내야 한다.

나중에 읽어봐서 마음에 들든 들지 않든, 다시 쓴다면 더 좋은 작품이 나올 수 있을 것처럼 생각되든 생각되지 않든 완성된 이야기를 가지고 자리에서 일어나지 못한다면 훈련이 소기의 성과를 거두지 못했다고 할 수 있다.

벗어날 시간

이제 글을 한쪽으로 치우라. 호기심이 가만히 내버려둔다면 이틀이나 사흘 정도 구석으로 밀쳐두라. 그게 힘들다면 최소한 하룻밤만이라도 읽지 말고 치워두라. 잠자리에 들기 전에는 자신의 글에 대한 판단이 말 그대로 일고의 가치도 없다. 마음의 두 가지 상태 가운데 어느 한쪽이 처음의 평가와 충돌을 일으킬 것이다. 글쓰기에 목을 메다시피 하는 한쪽에 휘둘릴 경우 기력이 모두 고갈

된 채 실망만 잔뜩 하게 된다. 자신의 글을 반복해서 자꾸 읽다 보면 피로가 쌓이면서 판단력이 흐려지기 마련이고, 결국에는 세상에 그처럼 지루하고 신빙성이 떨어지고 김 빠지는 이야기는 없을 것이라는 생각이 들기 쉽다. 나중에 잠을 푹 자고 나서 기분이 나아졌을 때 좀더 호의를 가지고 다시 읽는다 해도 첫 번째 평결의 기억 때문에 과연 어느 판단이 옳은지 갈피를 잡지 못할 확률이 높다. 편집자 자아가 퇴짜를 놓을 경우 처음에 우려한 대로 글의 수준이 형편없다고 생각하면서 그 글을 두 번 다시 쳐다보지 않을 수도 있다.

반면 마음의 또 다른 반쪽은 이야기를 마무리하는 데 필요한 기력을 마지막까지 다 써버리지 않았을 것이다. 그 반쪽은 최근에 자신이 기울인 노력의 결과를 검토하면서 열 일 제치고 글을 써야겠다는 충동에 여전히 사로잡혀 있을 것이다. 하지만 그 반쪽 역시 판단이라는 실수를 저지를 경우, 말이 너무 많거나 없을 경우 맨 처음 실수에 책임이 있는 난시 현상이 또다시 실수를 가려 그냥 지나쳐질 수도 있다.

작품을 갓 완성했을 때는 자신의 글을 객관적

으로 바라볼 준비가 되어 있지 않다. 자신의 작품을 한 달 넘게 객관적으로 평가하지 못하는 작가들이 많다. 그럴 때는 글을 한쪽으로 밀쳐두고 뭔가 다른 데로 관심을 돌려야 한다. 지금이 바로 그동안 꾹 참아왔던 책 읽기에 나설 때다. 그대의 이야기는 무사히 마무리됐고, 개성의 흔적도 곳곳에 탄탄하게 자리잡고 있어 다른 작가의 작품이 아무리 훌륭해 보인다 하더라도 그대의 글에 위협을 가하지 못한다. 하지만 책을 읽는 것조차도 정 부담스럽다면 저자라는 생각에서 벗어나 긴장을 풀 수 있는 기분 전환 거리를 찾는 것이 좋다. 바로 이곳 자신의 일상 속에서 탈출구를 찾을 수 있다면 더 바랄 나위가 없다. 어떤 작가들은 한 작품을 마무리하기가 무섭게 또 다른 작품을 시작하고 싶다는 충동을 느낀다. 만약 그런 충동을 느낀다면 당연히 거기에 따라야 한다. 하지만 종이와 타자기를 두 번 다시 쳐다보고 싶지 않다면 당분간 그 기분에 젖어 있어도 상관없다.

비판 어린 읽기

기력이 회복되고 긴장이 풀리면서 마음이 초

연한 상태가 되면 자신이 쓴 글을 꺼내 읽어보라.

아마도 자신의 원고에서 예상했던 것보다 훨씬 더 많은 것을 발견하게 될 것이다. 글을 쓰는 동안에는 미처 몰랐던 점들이 마구 보이기 시작한다. 이야기를 풀어나가는 데 반드시 필요하다고 생각했던 장면이 하나도 없다. 대신 쓸 계획이 전혀 없었던 다른 장면이 그 자리를 차지하고 있다. 등장인물들은 거의 생각지도 못했던 특징을 지니고 있다. 그들이 하는 말도 자신이 생각했던 내용과 너무 다르다. 그런가 하면 그저 지나가는 진술로만 여겼던, 하지만 이야기가 제대로 모양새를 갖추려면 반드시 필요한 문장이 부족함 없이 강조되어 있다. 그러니까 결론은 자신이 의도했던 것보다 덜 쓰기도, 더 쓰기도 했다는 얘기다. 그렇게 된 데에는 의식보다 무의식의 영향이 더 크다.

15

무의식과 천재

천재는 이상을 지닌 재능이다.
윌리엄 서머싯 몸

천재란 그것을 지닌 자를
온갖 고난에 빠뜨릴 만큼 탁월한 재능이다.
새뮤얼 버틀러

15

심화 훈련

이제 심화 훈련에 들어갈 차례다. 더 나아가기 전에 거듭 말하자면 작가 역시 다른 예술가와 마찬가지로 이중 인격자다. 작가에 대한 이러한 기본 진리는 아무리 강조해도 지나치지 않다. 작가 안에서 무의식은 자유롭게 흘러다닌다. 작가는 자신이 거두는 성과를 떠나 글쓰기라는 육체 노동 때문에 지치지 않도록 스스로를 단련한다. 두 가지 경로가 모습을 드러낼 때면 작가의 지성은 자신의 본성 가운데 좀더 민감한 요소를 자유롭게 풀어놓아 최고의 결실을 거둘 수 있는 쪽으로 방향을 잡는다. 그는 일할 때는 물론이고 나중에 자신이 쓴 글을 평가할 때도 이성을 자유자재로 활용하는 법을 터득한다. 그는 의식적인 노력을 통해 새로운 관찰 결과에 늘 주목하면서 이미지와 느낌과 생각이라는 자산이 바닥나지 않도록 매일매일 새롭게 보충한다.

가장 바람직한 상태는 작가의 본성을 이루는 두 측면이 서로 협력하면서 조화롭게 일하는 것이다. 아니면 적어도 둘 중 어느 한쪽을 제압할 수 있어야 한다. 성격의 두 측면은 각기 맡은 영역에서 제 역할을 다하면서 서로를 믿는 법을 배워야 한다. 작가는 마음의 두 측면이 각각에게 주어진 기능을 제대로 수행하는지 늘 감시해야 한다. 다시 말해 의식이 무의식의 특권을 침해하게 내버려둬서도 안 되고, 그 반대 현상이 일어나게 방치해서도 안 된다.

이제 우리는 무의식의 기여도를 좀더 심도 깊게 살펴볼 텐데, 방금 그대가 끝낸 글이 실험실의 표본이 될 것이다. 이야기를 통해 전달하고자 하는 요점을 시시때때로 염두에 두면서 지시대로 작업했다면, 선불리 글쓰기에 달려들지 않고 쓰려고 마음먹은 이야기에 대해 밤낮으로 생각하고 또 생각했다면, 망설이지도 핑계를 대지도 않고 착실하게 글을 쓰겠다고 다짐했다면 예상했던 것보다 훨씬 더 모양새 있고 윤택한 글이, 기대했던 것 이상으로 재치 넘치고 균형 잡힌 이야기가 나왔을 것이다. 등장인물도 의식을 발휘해 공을 들였을 때보다 좀더 완전하고 근사하게, 그리고 그와 동시에 군더더기는 적게 그려졌을 것이다. 간단히 말해 지금까지 우리가 거의 고려하지 않았던 기능, 즉 더 높은 차원의 상상력이 활동에 들어갔다고 보면 된다. 크든 작든 상상력이라는 재능은 작가의 자산이다. 상상력은 거의 전적으로 무의식을 집으로 삼는 우리 마음의 창의적인 면이다.

천재의 뿌리

천재(여기서 '천재'는 '비범한 사람'이 아니라 '하늘이 내린 재능'이라는 의미—옮긴이)의 뿌리는 의식이 아니라 무의식 안에 있다. 의식적인 노력을 통해 천재를 갈고 닦는다고 해서 위대한 예술 작품이 탄생하는 것은 아니다. 재능은 구체적인 형태로 나타나며, 의식의 영역 바깥에 기원을 두고 있다. 의식이 할 수 있는 일도 많기는 하지만 천재나 천재의 사촌뻘인 재능을 발휘하지는 못한다.

잠재의식이 아니라 무의식

그런데 말을 하거나 글을 쓸 때면 우리는 커다란 장애에 부딪친다. 마음이 아직 제 기능을 완전히 발휘하지 못하기 때문이다. 게다가 이보다 훨씬 더 심각한 어려움이 있다. 프로이트의 심리학이 처음 등장했을 때 불행히도 우리는 잠재의식에 대해 듣기 시작했다. 물론 프로이트는 용어상의 실수를 바로잡았고, 심리학 논문에서 현재 언급되는 것은 무의식이다. 하지만 우리 대부분에게 그 불행한 '잠재'라는 말은 경멸의 의미로 굳어졌다. 지금도 우리는 어떤 점에서 무의식은 우리의 성격 가운데 의식보다 열등한 부분이라는 생각에서 완전히 자유롭지 못하다. 심리학자 프레더릭 윌리엄 헨리 마이어스는 (작가 지망생이라면 누구나 반드시 읽어봐야 할) 『인간의 성격(Human Personality)』이라는 탁월한 저서의 「재능」이라는 장에서 똑같은 유혹에 넘어가 '잠재의식의 분출'이라는 표현을 거듭 사용했다. 이제 무의식은 의식 아래 있지도 않고 의식보다 능력이 떨어지지도 않는다. 무의식은 의식의 한복판에는 없는 것을 모두 아우를 뿐만 아니라 우리의 평균 이성을 위아래로 훌쩍 뛰어넘는다.

더 높은 수준의 상상력

이 공간 중심의 용어는 또한 부적절하기도 하다. 무의식은 우리가 흔히 생각하는 것보다 훨씬 더 높은 수준의 도움을 준다. 어떤 예술이든 무의식에 저장된 기억과 감정뿐만 아니라 상상력이라는 무의식의 알찬 내용물에 의지해야 한다. 재능을 타고난 사람은 이러한 자원을 끊임없이 활용하는 가운데 자신의 존재를 마음껏 펼치며 편안하게 살아간다. 그런 사람은 생명력과 활기가 무한정 넘쳐날뿐더러 저 먼 곳에서 들려오는 울림을 억누르는 법이 없다.

무의식과 타협하라

무의식을 흐릿하고 우중충하고 형체도 없는 개념들이 어지럽게 떠다니는 지옥의 변방쯤으로 여겨선 곤란하다. 오히려 그 반대로 무의식은 형식에 민감하다. 무의식은 우리의 이성보다 유형, 양상, 목적을 훨씬 더 빨리 포착해낸다. 하지만 무의식의 활동이 너무 왕성할 경우에는 경로에서 이탈할 수도 있으므로 늘 조심해야 한다. 무의식이 제시하는 자료가 감당 못할 정도로 넘쳐나지 않도록 늘 올바른 방향을 잡아주고 통제해야 한다. 하지만 글을 잘 쓰려면 당면한 지식의 문지방 뒤에 자리하는 우리 본성의 거대하고 강력한 이 부분과 타협해야 한다.

그렇게 하는 법을 터득한다면 맨 처음 글을 쓰기 시작했을 때 느꼈던 것보다 피로를 대폭 줄일 수 있다. 작가가 익힐 수 있는 기술적인 지식의 영역은 매우 방대하며, 그중에는 의식적인 노력을 통해 배울 수 있는 손쉬운 방법도 많다. 하지만 계획하고 있는 작품의 형식과 주제를 결정하는 것은 무의식이며, 무의식에 의지하는 법을 터득할 수 있다면 훨씬 더 훌륭하고 확실한 결실을 거두게 될 것이다. 그러려면 무의식의 활동에 시도 때도 없이 간섭해선 안 된다. 다시 말해 소설 기법을 다룬 책에서 정성스레 뽑아냈거나 출간된 작품들을 오랜 기간 연구하면서 혼자 힘들게 깨우친 공식을 근거로 자신이 판단하기에 그럴 듯하고 바람직하고 설득력 있는 개념을 무의식에 강요해선 안 된다.

예술적 혼수 상태와 작가의 '비법'

진정한 천재는 자신이 어떻게 일하는지 미처 깨닫지 못한 채로 평생을 살아간다. 천재는 꿈꿀 때, 앉아서 빈둥댈 때 등 무슨 일이 있어도 혼자 있어야 할 때가 있다는 것만 알 뿐이다. 많은 경우 천재는 자신의 마음이 백지처럼 텅 비어 있다고 믿는다. 때로 우리는 '불모의' 시기를 겪고 있다고 생각하며 절망의 늪에서 허우적거리는 천재의 이야기를 듣는다. 하지만 침묵의 시기는 언제 그랬냐는 듯 곧 지나가기 마련이고, 글을 써야 하는 시점이 도래한다.

천재의 게으름은 단지 표면상의 침묵일 뿐이라는 것을 알아챌 만큼 영특한 관찰자들은 이 낯설고도 고립된 시기를 '예술적 혼수 상태'라고 불러왔다. 분명히 뭔가가 작용하고 있긴 하지만 너무 깊숙이 가라앉아 있어 생각을 구체화할 준비를 갖추기 전까지는 활동의 조짐이 거의 보이지 않는다. 천재에게 쏟아지는 괴팍하다느니 무례하다느니 하는 비난 뒤에는 대개 고독 속에, 한가로운 여가 속에, 오랜 침묵 속에 푹 잠기고 싶어하는 예술가의 절실한 욕구가 있다. 침묵의 기간이 인정받고 용인된다면 부작용이 생길 리 없다. 이따금 일상의 속박에서 벗어나 초탈의 시간을 갖는 것이 예술가의 특징이다.

한 발 뒤로 물러나 무신경하게 지내다 보면 이름 없는 기능이 저절로 모습을 드러내기 마련이지만 스스로의 통제 아래 그 시기를 어느 정도 앞당길 수 있다. 그러려면 더 높은 수준의 상상력을, 직관을, 무의식의 예술적 측면을 자유자재로 다룰 수 있는 능력을 길러야 한다. 작가의 비법은 바로 거기서 나오며, 그런 능력이야말로 작가의 유일하고도 진정한 '비책'이다.

1945

테네시 윌리엄스
Tennessee Williams
1911~1983

16

재능의 해방

기적의 가장 놀라운 점은 그것이 일어난다는 사실이다.
길버트 키스 체스터턴

전통은 안내자일 뿐 교도관이 아니다.
윌리엄 서머싯 몸

16

작가는 이중 인격이 아니라 삼중 인격이다

그렇다면 작가의 본성은 이중이 아니라 삼중이라는 결론에 자연스럽게 이르게 된다. 희미하든 뚜렷하든, 지속적이든 산발적이든 삼중 인격 가운데 이 세 번째는 바로 각자의 타고난 재능이다. 번득이는 통찰력과 날카로운 직관 그리고 상상력은 서로 협력해 평범한 경험을 '더 고귀한 현실이라는 환상'으로 바꾸어놓는다. 그런 점에서 이 세 가지는 예술의 필수 요소다. 아니면 한 발 양보해 삶을 해석하는 데 반드시 필요한 요소들이다.

이 모두는 우리가 통제할 수 있는 영역 밖에

위치한다. 실용적인 목적인 경우에는 우리의 마음을 대충 의식과 무의식으로 분리하는 것만으로 충분하다. 우리는 (심지어 예술가도) 마음의 복잡성을 온전히 이해하지 못한 채 평생을 살아간다. 하지만 우리 본성의 이 세 번째 요소를 십분 인식한다면, 이 요소가 글쓰기에서 차지하는 중요성을 이해한다면, 이 요소의 활동을 가로막는 방해물을 제거해 자신의 작업 안으로 자유롭게 흘러들도록 하는 법을 터득한다면 작가로서 크게 성공할 수 있다.

신비로운 능력

이제 "재능은 배운다고 해서 트이는 것이 아니다."라는 맥빠지는 말 속에 숨은 진실이 보이기 시작할 것이다. 물론 어떤 의미에서 이 말은 옳다. 하지만 그 안에 담긴 의미는 거의 전적으로 그르다. 의식적으로 노력한다고 해서 재능이 느는 것은 아니지만 재능이 늘기를 바랄 이유가 없다. 재능이라는 자원은 그 양이 아무리 미미하다 하더라도 평생을 가도 다 쓸 수 없을 만큼 충만하다. 우리에게 필요한 것은 타고난 재능을 더 늘리는 것이 아니라 활용하는 법을 배우는 것이다. 시대와 인종을 초월해 위대한 사람들은, 마치 처음부터 불순물이 섞이지 않은 그야말로 순수한 재능을 타고나기라도 한 듯 너무나 위대해서 편의상 우리가 '천재'라고 부르는 사람들은, 삶과 예술 작업에서 나머지 인간들보다 그러한 기능을 좀더 자유롭게 발휘했을 뿐이다. 재능의 흔적을 아예 찾아볼 수 없을 만큼 보잘것없는 인간은 없다. 마찬가지로 처음부터 너무나 위대해 타고난 재능을 남김 없이 무한정 사용하는 인간 또한 없다.

보통 사람은 자신의 본성 가운데 그러한 요소를 두려워하거나, 불신하거나, 무시하거나, 제대로 알지 못한다. 감정이 북받치는 순간에, 위험에 처한 순간에, 기쁨의 순간에, 더러 병을 오래 앓아 몸과 마음이 차분해질 때, 잠이 덜 깨서 비몽사몽일 때, 마취 상태에서 막 깨어났을 때 사람들은 재능의 존재를 어렴풋이 감지한다. 재능의 흔적은 음악 신동들의 삶에서 가장 확실하고도 불가사의하게 드러나는 것 같다. (예를 들어 모차르트의 전기를 읽어보라.) 아무리 신비롭고 불가해하다 하더라도 재능은 분명 존재한다.

천재에 대한 케케묵은 정의에서 주장하는 것처럼 '영감은 노력'이 아니듯이 재능 또한 '노력한다고 가질 수 있는 무한한 능력'이 아니다. 재능을 둘러싼 이러한 생각은 순전히 미국인의 착각일 뿐이다. 직관력과 통찰력을 만족스럽게 전달하는 과정은 무척 힘들 수도 있다. 한순간의 깨달음을 표현할 말을 찾는 데 몇 년이 걸릴 수도 있다. 하지만 노력과 재능은 엄연히 다르다. 서툴게나마 재능을 풀어놓는 법을 터득한다면, 또는 뜻밖에 운이 좋아 재능이 저절로 모습을 드러낸다면 굳이 힘들게 고생하지 않아도 창의적인 생각이 마구 흘러넘치는 기적 같은 경험을 하게 될 것이다.

재능의 해방

대개 재능의 해방은 우연히 일어나지 않는다. 예술가는 여기서 나오는 활력에 의지해 책, 이야기, 그림을 내놓지만 이 점을 인식하지는 못한다. 그는 '재능'이라는 것이 과연 문제가 되는지조차 부정할지 모른다. 아마도 그는 자신의 경험을 내세워 '본 궤도에 오르는 것'이 중요하다고 말할 것이다. 하지만 그는 본 궤도에 올랐을 때의 수준을 훨씬 뛰어넘어 명료하고 아름다운 글을 막힘 없이 쓰는 행복한 상태에서도 본 궤도에 오른다는 것이 무엇을 의미하는지 전혀 모를 수도 있다. 또 어떤 이는 머리가 지끈거릴 때까지 생각을 짜내려고 고민하다가 막다른 곳까지 몰린다는 이야기를 솔직하게 털어놓기도 한다. 그는 자신의 이야기에 대해 더 이상 생각할 수 없거나 어째서 한때는 이야기가 저절로 모습을 드러냈는지조차 이해하지 못한다. 그러다 시간이 지나 전혀 예상하지 못한 순간에 생각이 다시 돌아오면 신기하게도 이야기가 저절로 완성되어 글로 옮겨질 준비를 한다.

성공한 작가들은 대개 시행착오 과정을 거쳐 이러한 기능을 해방하는 자기만의 방법을 가지고 있다. 하지만 그 방법이라는 게 너무 모호하고 주먹구구식이라 비법을 찾는 초보자에게 거의 도움이 되지 않는다. 글을 쓰는 습관을 둘러싼 성공한 작가들의 경험담을 들어보면 저마다 너무 달라서 때로 햇병아리 작가는 선배들이 모두 작당해 실제 작업 과정에 대해 자신을 속이고 오도하려고 음모를 꾸미고 있다고 생각하기 쉽다.

주기, 단조로움, 침묵

음모는 없다. 다만 작가들 사이에 약간의 질투나 부러움이 있을 따름이다. 성공한 작가들은 그저 무의식적으로 일할 뿐이지 자신의 작업 방식을 분석하지는 않는다고 말한다. 기나긴 반문 끝에, 성공한 작가들의 수기를 빠짐없이 훑은 끝에 햇병아리 작가가 마침내 얻는 것은 설명이 아니라 개인의 경험담일 뿐이다.

성공한 작가들은 책이나 이야기에 대한 생각이 어느 순간 섬광처럼 번쩍 떠오른다고 입을 모아 말한다. 그 순간 등장인물이, 상황이, 이야기의 결과가 희미하게든 선명하게든 미리 모습을 드러낸다. 그러고 나면 집중력을 끌어올려 그런 생각들을 가다듬는 기간이 있다. 몇몇 작가들은 이 기간에 무척 흥분을 느낀다. 그들은 마치 자신의 마음 앞에 펼쳐진 가능성에 도취한 듯 보인다. 그러고 나면 침묵의 시기가 찾아온다. 작가마다 매우 특이한 방식으로 그런 막간극에 몰입하기 때문에 이 기간에 적용할 수 있는 공통분모는 거의 찾아보기 어렵다. 승마, 뜨개질, 카드놀이, 산책, 조각 등 아주 다양하다. 물론 세 가지 형태의 공통분모가 있다고 말할 수 있을지도 모르겠다. 즉 이 기간은 주기성을 띠고, 단조로우며, 말이 없다. 그것이 우리의 열쇠다.

다시 말해 어떤 면에서 작가는 요행을 통해서든 오랜 모색을 통해서든 가벼운 상태의 최면에 스스로 빠져든다. 최면 상태에서도 관심은 여전히 유지되지만 그저 유지될 뿐이다. 굳이 관심을 기울일 필요가 없다. 이때 작가는 마음의 수면 저 뒤편에 너무 깊이 가라앉아 있어 (스스로에 대한 성찰이 마침내 자신을 일깨우지 않는 한) 뭔가 활동이 일어나고 있다는 것을, 자신의 이야기가 하나의 통합된 작업 속으로 녹아들고 있다는 것을 알아차리지 못한다.

북북 문질러 닦아야 하는 마루

자신만의 그런 주기를 예측할 수 있다면 반복해서 나타나는 습관 속에서 유익한 결과를 끌어낼 수 있다. 하지만 우연한 기회에 발견하게 되는 이런 시간 때우기 활동은 대개 임시방편에 불과하다는 단점이 있다. 자신의 습관을 알았을 때는 이미 거기에 푹 젖어 있어 빠져나오기가 어렵다. 사실 많은 작가들이 작업 방식과 관련해 미신을 가지고 있다.

"북북 문질러 닦아야 하는 마루가 있는 한 나는 괜찮다."

나의 학생 중 한 명이 이런 말을 했다. 교수 부인인 그 학생은 대가족을 뒤치다꺼리하는 틈틈이 글을 썼는데, 부엌 바닥을 닦다가 쓴 이야기가 뜻하지 않게 최고의 대열에 끼게 됐다. 자그마한 성공이 그녀에게 도시에 가서 공부할 기회를 안겨주었다. 그런데 솔로 바닥을 북북 문지르는 단조로운 행동으로 다시 돌아갈 때까지 그녀는 두 번 다시 글을 쓰지 못했다. 물론 이 예는 극단적인 경우다. 하지만 유명 작가 중에도 대놓고 말하지 않을 뿐이지 방금 말한 중서부의 주부처럼 미신을 굳게 믿는 이들이 많다. 실제로 우연히 발견하게 되는 방법 가운데 대부분이 솔로 바닥을 문질러 닦는 행동처럼 무익하고 일관성 없이 들쑥날쑥하다.

'생각을 품는 시기'를 짧게 줄여 더 좋은 작품을 내놓을 수 있는 방법은 분명히 있다. 그 방법이야말로 작가의 비법이다.

1960

올더스 헉슬리
Aldous Huxley
1894~1963

17

작가의 비법

동료나 선배보다 나은 자가 되려고 애쓰지 말라.
자신보다 나은 자가 되려고 노력하라.
윌리엄 포크너

나는 세상을 바꾸고 싶었다.
하지만 사람이 확실히 바꿀 수 있는 것은 자기 자신밖에 없다.
올더스 헉슬리

17

X와 마음의 관계는 마음과 몸의 관계와 같다

편의상 많게든 적게든 우리 모두에게 있는 이 재능을 따로 분리해 분석하고 연구한 결과 마음과 몸의 관계처럼 재능 또한 마음과 깊이 관련되어 있다는 사실이 밝혀졌다고 가정해보자. '재능'이라는 말이 여전히 너무 거창하게 들린다면, 교활한 겉모습 아래 실은 우리를 당혹스럽게 만드는 정신적 특징을 숨기고 있다는 의심이 든다면 한 걸음 양보해 그냥 X라고 부르자. 이제 X를 대수 방정식의 한 인수라고 생각하라. 즉 'X:마음=마음:몸'이라고. 집중해서 생각하려면 몸을 움직여선 안 된다. 사람들은 생각을 집중할 때 기껏해야 가볍고 기계적인 일만 한다. 그 다음에 X를 행동에 들어가게 하려면 마음을 차분히 가라앉혀야 한다.

곧 알게 되겠지만 주기성을 띠면서 단조롭고 말 없는 활동이 바로 거기에 해당한다. 그런 활동은 더 높거나 더 깊은 기능이 작용하는 동안 몸과 마음을 일종의 정지 상태에 붙잡아둔다. 그런 활동은 효과가 있는 동안 반복해서 사용된다. 하지만 그와 같은 활동은 대개 성가시고 마음에 차지 않을뿐더러 결과가 늘 일정하지도 않다. 게다가 이 미지의 특징이 제 기능을 완전히 발휘하려면 시간도 만만치 않게 걸린다. 따라서 이야기의 잉태 시기와 관련해 아직 이렇다 할 만한 공식을 발견하지 못했다면 더 빠르고 더 좋은 방법을 익혀 똑같은 결과를 얻을 수 있다.

마음을 가만히 놔두라

간단히 말하면 이렇다. 즉 몸을 가만히 놔두듯 마음을 가만히 놔두는 법을 익히라.

몇몇 사람에게는 이 충고가 너무 쉬워 여기에 따르지 못하는 사람이 과연 있을까 싶을 것이다. 그렇게 행복한 부류에 속한다면 다음에 소개하는 집중 훈련을 할 필요가 없다. 해봐야 혼란만 생길 뿐이다. 하지만 이 책을 여기까지 읽었다면 책을 덮고 눈을 감은 상태로 잠시만 마음을 가만히 놔두라.

단 한순간이라도 성공했는가? 전에 한 번도 그렇게 해본 적이 없다면 마음이 얼마나 쉴 새 없이 분주하게 움직이는지 아마 깜짝 놀랄 것이다. 인도의 옛 현인은 자신의 마음을 반은 자조투로 반은 변명투로 '재잘대는 원숭이'에 비유했다. 성 아시시 프란체스코(1182~1226, 이탈리아의 수도사)는 자신의 몸을 가리켜 '나의 바보 형제'라고 일컬었다. 어느 실험자는 이렇게 한탄했다.

"마음이 소금쟁이처럼 수면을 내달린다."

하지만 조금만 훈련하면 마음의 부산스런 움직임에 제동을 걸고 적어도 자신의 목적에 부합하는 방향으로 마음을 제어할 수 있을 것이다.

조절 훈련

며칠에 하루는 이러한 과정을 반복해서 훈련하는 것이 좋다. 눈을 감고 마음을 한 치의 흔들림도 없이 굳건히 붙잡아두려고 노력하되 급하게 서둘러서도 긴장을 느껴서도 안 된다. 며칠에 한 번이면 충분하다. 억지로 밀어붙이려고 하지 말라. 성과가 나타나기 시작하면 훈련 시간을 조금씩 늘리되 무리하지는 말라.

그렇게 하기가 힘들다면 이런 방법을 사용해 보라. 즉 아이들이 가지고 노는 회색 고무공처럼 단순한 물체를 선택하라. (밝은 색깔의 물체나 눈에 확 띄는 물체는 선택하지 않는 것이 좋다.) 공을 잡고 가만히 들여다보라. 공에 관심을 집중하고 마음이 어지럽게 돌아다닐 때마다 마음을 다독여 차분히 진정시키라. 한동안 그 물체에만 집중할 수 있다면 다음 단계로 나아가라. 눈을 감고 계속 공만 생각하라. 그러고 나서는 그 단순한 생각마저 마음에서 빠져나가게 해야 한다.

마지막으로 마음이 가는 대로 그저 지켜보면서 거침없이 질주하도록 내버려두라. 머잖아 마음이 점차 차분해질 것이다. 서두르지 말라. 완전히 차분해지지는 않는다 하더라도 아마 충분히 고요한 상태에 이를 것이다.

목표는 이야기 구상

조금이라도 성공했다면 줄거리나 등장인물을 염두에 두면서 거기에 마음을 집중하라. 머잖아 거의 믿기 힘든 결과를 접하게 될 것이다. 다소 학구적이고 불분명했던 생각이 색깔과 형체를 드러내고, 꼭두각시에 지나지 않았던 등장인물이 살아 움직일 것이다. 의식하든 의식하지 못하든 성공한 작가들은 이러한 능력을 끌어내 자신의 창조물에 생명의 숨결을 불어넣는다. 이제 그 과정을 좀더 확장된 형태로 발전시킬 차례다.

효과 만점인 비법

이는 순전히 습관의 문제이기 때문에(비록 실행 중인 생각에서 기대 이상으로 많은 것이 나오긴 하지만) 처음에는 다소 기계적으로 접근해도 상관없다. 아무 이야기나 하나 고르라. 소중히 간직해둔 이야기 줄거리를 사용하고 싶지 않다면 비슷한 효과를 낼 수 있는 대안은 얼마든지 있다. 널리 알려진 책의 등장인물을 자신이 잘 아는 인물로 대체하라. 예를 들어 여동생이 베키 샤프의 역할을 맡는다면 윌리엄 새커리의 『허영의 시장(Vanity Fair)』은 어떤 경로를 따라가야 할까? 걸리버(영국 작가 조너선 스위프트(1667~1745)가 지은 『걸리버 여행기』의 주인공)가 여성이라면 어떨까? 생각이 아무리 모호하든, 딱딱하든, 불완전하든 그런 것은 하나도 중요하지 않다. 우리의 목적에 비추어 당장은 성이 차지 않겠지만 그럴수록 이 방법의 효과는 분명히 나타나게 되어 있다.

　이야기의 틀을 대충 잡아보라. 주요 등장인물에 이어 2차 등장인물을 결정하라. 이야기에 끼워 넣고 싶은 중요한 상황을 가능한 한 간결하게 그려나가면서 어떻게 마무리하는 게 좋을지 생각하라. 등장인물들이 난관에 부딪치든 거기서 빠져나오든 상관하지 말라. 그저 가만히 바라보면서 문제를 해결하는 모습을 지켜보라. 여기서는 결말을 그려보는 것만으로도 수단을 시험하기에 충분했다는 점이 중요하다. 즐겁고 너그러운 마음으로 전체 이야기를 곰곰이 되짚어보라. 분명해 보이는 실수를 바로잡고 자연스럽게 삽입할 수 있다면 어떤 항목을 더 집어넣고 싶은지 생각해보라.

　이제 이야기 초고를 꺼내 들고 산책에 나서라. 걷다가 웬만큼 피곤해지면 다시 출발점으로 돌아가라. 피곤을 느끼는 정도로 얼마나 걸었는지 거리를 가늠해보라. 운동하듯이 너무 힘차게 걷지 말고 여유롭고 느긋하게 몸을 움직이라. 물론 나중에는 속도가 빨라지겠지만 처음에는 어슬렁거린다는 생각으로 느릿느릿 걷는 것이 좋다. 이제 자신의 이야기에 대해 생각하라. 이야기에 생각을 집중하라. 하지만 이야기를 어떤 방향으로 쓸지, 또는 이런저런 효과를 내려면 어떤 수단을 사용할지는 생각하지 말고 이야기를 그 자체로 생각하라. 외부 자극에 주의를 빼앗기지 말라. 출발점으로 다시 돌아오는 길에 마치 읽고 나서 한쪽으로 치워두었던 책을 대하듯 이야기의 결말을 생각하라.

'예술적 혼수 상태' 불러내기

이제 이야기를 여전히 되는 대로 생각하면서 목욕을 한 다음 어두운 방으로 들어가 등을 대고 똑바로 누우라. 그런 자세가 너무 졸린다 싶으면 나지막하고 큼직한 의자에 앉아 적당히 긴장을 풀라. 편안하게 자세를 취했으면 더 이상 움직이지 말라. 몸을 가만히 놔두라. 그런 다음 마음을 차분히 가라앉히라. 완전히 잠든 상태도, 그렇다고 완전히 깨어 있는 상태도 아닌 채로 그저 누워 있으라.

　잠시 후, 20분이 될 수도 한 시간이 될 수도 두 시간이 될 수도 있는데, 일어나고픈 욕구가 일면서 활력이 마구 샘솟을 것이다. 즉각 그런 욕구에 응하라. 쓰려고 하는 글을 제외하면 세상 어느 것에도 관심이 가지 않는 일종의 경미한 몽유병 상태에 빠질 것이다. 상상의 세계만 생생하게 와닿을 뿐 바깥세상은 그저 따분하게만 느껴질 것이다. 자리에서 일어나 종이나 타자기 앞으로 다가가 글을 쓰기 시작하라. 그 순간 그대의 상태는 예술가가 작업할 때 빠져드는 상태가 된다.

글을 마치며

　얼마나 좋은 작품이 탄생하느냐는 그대와 그대의 삶에 달려 있다. 다시 말해 그대의 감수성이 얼마나 예민한지, 분별력이 얼마나 날카로운지, 그대의 경험이 독자의 경험과 얼마나 일치하는지, 훌륭한 글쓰기의 요소를 얼마나 철저하게 익혔는지, 말의 가락을 가려짚는 귀가 얼마나 발달해 있는지에 달려 있다. 하지만 그동안 성실히 훈련에

임했다면 일관성 있고 균형 잡힌 작품을 내놓을 수 있을 것이다. 물론 부족한 점도 있겠지만 결점을 객관적으로 바라보고 이를 바로잡을 수 있는 능력이 생길 것이다. 이런 훈련을 통해 그대는 이제 자신의 재능을 마음껏 활용할 수 있는 훌륭한 도구로 탈바꿈했다. 훌륭한 도구가 그렇듯이 그대는 쓰임새가 많고 견고하다. 그대는 예술가로서 작업한다는 것이 어떤 느낌인지 알고 있다.

이제 소설 기법을 다룬 책들을 아무 부담 없이 읽어도 된다. 그대는 마침내 그런 책들을 통해 유익을 얻을 수 있는 경지에 이르렀다.

1945

펠럼 그렌빌 우드하우스
Pelham Grenville Wodehouse
1881~1975

18

몇 가지 잔소리

불만이 없는 자는 만족할 수 없다.
펠럼 그렌빌 우드하우스

도덕처럼 예술도 어딘가에 선을 긋는 것으로 이루어진다.
길버트 키스 체스터턴

18

타자기 사용

타자기 사용법은 되도록 빨리 배우는 것이 좋다. 그러고 나서 가능하다면 타자기로 글을 쓰는 법을 익혀야 한다. 신속하고 쉽게 글을 쓰지 못하면 손으로 쓰는 초고에 시간을 너무 낭비하게 된다. 그런데 손으로 글을 쓰는 데서 기계로 글을 쓸 수 있도록 변화를 꾀하는 것도 좋지만 오히려 역효과가 날 수도 있으니 주의해야 한다. 타자기로 작업할 경우 손으로 느긋하게 쓸 때 얻을 수 있는 이점을 누리지 못하는 사람들이 있다. 서로 비슷한 두 가지 생각을 타자기로도, 손으로도 써서 결과를 비교해보라. 타자기로 쓴 원고가 갑자기 비약이 많아 매끄럽지 못하다면, 손으로 쓴 원고에선 분명히 발견되는 생각들이 거기엔 빠져 있다면 타자기로 글을 쓰는 것이 자신에게 맞지 않는 것이다.

타자기를 두 대 장만하라

전업 작가는 타자기를 두 대, 즉 표준 타자기와 휴대용 타자기를 가지고 있어야 한다. 휴대용 타자기는 소음이 적은 것이 좋다. 활자체가 같은 것을 골라야 한다. 둘 다 파이카(12포인트 활자) 식이거나, 둘 다 엘리트(10포인트 활자) 식이어야 한다. 그래야 언제 어디서든, 심지어 여행할 때도 편리하게 글을 쓸 수 있다. 또 타자기에 미완성의 작품이 끼여 있으면 무언의 질책으로 와닿아 자극이 될 수도 있다. (요즘의 기기로 치자면, 표준 타자기는 데스크톱 PC, 휴대용 타자기는 랩톱 노트북이라고 할 수 있다. 컴퓨터 화면의 활자 크기는 사용자의 취향과 편의에 따라 얼마든지 조절할 수 있다. 바탕화면에 작업 중인 파일을 눈에 잘 띄게 배치해두면 자극이 될 수 있다.―옮긴이)

문방구

문구점을 샅샅이 뒤져보라. 시장에 가보면 무른 정도와 색깔이 천차만별인 연필이 수도 없이 많이 나와 있다. 종류별로 모두 써보고 자신의 목적에 가장 적합한 연필을 고르라. 작가들에게는 대개 무른 정도가 중간인 연필이 가장 좋다. 종이는 흑연 가루가 번지지 않는 것이 좋지만 글을 쓸 때 긁히지 않아야 한다.

본드지와 평행 괘선이 비치는 종이를 모두 써보고 마감 처리가 매끄러운 종이를 선택하라. 아마추어들은 보통 본드지를 사용하는데, 마감 처리가 그보다 더 매끄러운 종이가 없기 때문이다. 하지만 본드지의 결은 도자기 같은 느낌을 주어 짜증스러울 수 있다.

낱장, 다양한 크기의 종이철, 공책을 번갈아 사용해 글을 쓰는 훈련을 하라. 짧은 여행에 가져갈 수 있는 새 공책을 늘 준비해두라. 긴 여행에는 타자기 용지와 휴대용 타자기를 가지고 가는 것이 좋다.

원고를 마무리할 때는 무겁고 번들거리는 본드지는 피하는 것이 좋다. 부피도 크고 무거운 데다 쳐다보고 있으면 값싼 종이보다 더 빨리 질리기 때문이다. '16파운드 종이'를 달라고 하라. 문구점 직원이 그 말이 무슨 뜻인지 알아듣지 못하면 좀더 좋은 문구점을 물색하라.

타자기 앞에서는, 글을 쓰라!

타자기 앞에 앉는 순간, 또는 종이철과 연필을 가지고 자리를 잡는 순간 곧바로 글을 쓸 수 있도록 훈련하라. 몽상에 잠기거나 연필 끝을 잘근잘근 씹고 있거든 자리에서 일어나 방 한구석으로 가라. 거기서 잠시 머물면서 마음을 다잡으라. 첫 문장이 떠오르면 다시 자리로 돌아가라. 작업대 앞에서 자꾸만 공상에 빠져들려는 유혹을 참을성을 가지고 꾸준히 뿌리친다면 머잖아 자리에 앉는 것만으로도 막힘없이 술술 글을 쓰게 되는 보상이 따를 것이다.

앉은자리에서 작품을 끝내지 못할 경우에는 작업대에서 일어나기 전에 곧 다시 시작하겠다고 자신과 약속하라. 이런 행동은 여러 가지 면에서 최면 후 암시와 같은 효과를 나타낼 것이다. 꾸물대지 않고 다시 일로 돌아가 별다른 어려움 없이 쓰다 만 원고를 집어들게 될 것이다. 그 결과 원고를 완성했을 때 조각천을 이어 맞춘 퀼트 제품처럼 문체가 제각각인 글이 아니라 일관성을 갖춘 이야기가 나올 것이다. (요즘의 작가는 컴퓨터 앞에 앉아서 딴생각이나 딴짓 하는 시간을 없애야 한다. 작업용 컴퓨터는 유선이나 무선 인터넷이 불가능하게 네트워크 연결을 차단하고 워드프로세서 프로그램만 설치해두는 것도 한 가지 방법이다.—옮긴이)

커피 중독

아침에 일어나 커피를 한 잔 마실 때까지 뭐든 뒤로 미루는 습관이 깊이 배어 있다면 보온병을 하나 구입해 밤에 커피를 가득 채워두라. 그럴 경우 꾀바른 무의식을 얌전하게 길들일 수 있을 것이다. 커피를 뽑는다며 일을 뒤로 미룰 핑곗거리가 없어질 것이다.

커피 대 차

글을 쓸 때 커피를 너무 많이 마시는 경향이 있다면 그 가운데 반은 마테차로 바꿔보라. 남아메리카 사람들이 즐겨 마시는 이 차는 정신에 자극을 주면서 중독성은 없다. 대형 식료품점에 가면 구입할 수 있고, 준비하기도 아주 쉽다.

독서

쓰고 있는 원고를 끝낼 때까지 책을 멀리하는 것이 정 힘들다면 가능한 한 자신의 작품과 성격이 다른 책을 골라야 한다. 전문서나 역사서 또는 외국어로 쓰인 책이 좋다.

책과 잡지 구입

정기적으로 책과 잡지를 탐독하라. 그래서 그 책과 잡지의 편집자가 요구할 만한 조건을 자신과 맞추어보라. 또 소설 시장에 관한 좋은 안내서를 한 권 구입하라. 만약 자신의 취향에 맞을 것 같은 원고를 청탁하는 편집자가 나타나거든 그 출판사의 잡지를 한 권 보내달라고 부탁하라. 단, 그 잡지를 집 근처에서 구입할 수 없을 경우에만.

옮긴이의 말

도러시아 브랜디의 『작가 수업』이 처음 출간된 연도는 1934년이다. 그 후 한때 절판됐다가 1981년에 다시 빛을 보게 됐다. 이번 첫 한국어 번역본은 초판과 재출간된 책을 함께 텍스트로 삼고 있다. 물론 재출간되고 나서도 많은 세월이 지났지만 「추천사」를 쓴 존 가드너가 지적하고 있듯이 작가가 처하는 어려움은 예나 지금이나 크게 다르지 않은 듯하다. 작가 지망생이나 햇병아리 작가는 "문재(文才)는 배운다고 해서 트이는 게 아니다."라는 말을 창작 강좌 교실, 글쓰기 입문서, 현역 작가의 경험담을 비롯해 도처에서 귀가 따갑게 듣는다. 감수성이 한창 왕성하던 사춘기 시절 글을 쓰고 싶다는 아련한 동경에 가슴을 설레며 새로 마련한 공책에 그때그때의 단상을 끼적이다 정작 본격적으로 글쓰기 훈련에 들어갔을 때 그 말이 지니는 흑마술 같은 주문에 덜미를 잡혀 애저녁에 진로를 바꾼 사람들이 아마 한둘이 아닐 것이다.

소설가, 비평가, 논픽션 작가, 칼럼니스트로 폭넓게 활동했던 도러시아 브랜디는 이 책에서 자신의 풍부하고 생생한 경험을 고스란히 되살려 그 주문에 "과연 그럴까?"라고 의문을 제기한다. 왜냐하면 그녀는 사람들 안에는 저마다 상상력의 깊은 샘이 자리하고 있으며, 따라서 그 샘에서 물을 길어올리는 비결만 안다면 누구나 작가가 될 수 있다고 굳게 믿기 때문이다. 한마디로 "문재……" 운운하는 주장은 그녀에게 알맹이 없이 공허하기만 한 울림에 지나지 않는다.

브랜디는 그 비결을 터득하려면 먼저 자신의 내면을 들여다보면서 자신의 참 모습과 마주해야 한다고 말한다. 그러려면 글쓰기 기교를 둘러싼 잡다한 방법론이나 다른 사람들의 평가는 물론 스스로를 판단하려는 경향도 한동안 멀찍이 치워두어야 한다. 다시 말해 우리의 안팎을 끊임없이 들락거리며 이런저런 정보를 실어나르는 의식에 연연하지 말고 가공하기 전의 다이아몬드 원석처럼 자신의 참 모습을 가감 없이 보여주는 무의식과 친해져야 한다.

그렇게 자신의 무의식과 친해지면서 자신의 장점과 단점을 속속들이 파악했을 때 비로소 생산성을 꾸준히 유지하면서 언제, 어디서든 자신의 의지대로 글을 쓸 수 있다. 하지만 그게 말처럼 쉽지만은 않다. 브랜디도 이 점을 인정한다. 그녀 역시 작가 지망생으로서, 견습 작가로서, 신참 작가로서, 중견 작가로서, 나아가 글쓰기 강사로서 누구보다도 뼈아프게 경험했던 일이기 때문이다. 그래서 그녀는 원론에만 머물지 않고 작가가 부딪치는 문제에서부터 예술가와 비평가라는 작가의 이중성, 작가가 길러야 할 자질, 습관에 이르기까지 구체적인 실천 방안도 조목조목 알기 쉽게 제시한다.

글쓰기 기교는 시대와 작가 개인의 취향에 따라 달라질 수 있지만 글쓰기의 목적이나 원칙은 변하지 않는다. 즉 실존적 개인으로서, 동시에 사회적 개인으로서 자신이 경험하고 이해하는 세상을 다른 사람들과 나누는 것이 글쓰기의 목적이자 당위다. 이는 인간을 사회적 동물로 정의할 때 인간의 본능이기도 하다. 따라서 굳이 작가라는 타이틀을 달지 않더라도 자신이 해석하는 세상을 자신의 언어로 담아내 동료 인간들과 공유하는 능력은 아주 중요하며, 그 능력을 깨우쳤을 때 우리의 삶은 한결 더 윤택해지지 않을까 싶다. 이 책은 바로 그 능력을 고양하는 데 목적이 있다.

참고문헌

Edith Wharton, *The Writing of Fiction*, Scribner, 1925.
A. Quiller-Couch, *On the Art of Writing*, Putnam, 1916.
A. Quiller-Couch, *On the Art of Reading*, Putnam, 1920.
Percy Lubbock, *The Craft of Fiction*, Scribner, 1921.
E. M. Forster, *Aspects of the Novel*, Harcourt, Brace, 1927.
The Novels of Henry James. Definitive Edition, Scribner, 1917.
    In particular, see Preface to The Ivory Tower.
Graham Wallas, *The Art of Thought*, Harcourt, Brace, 1926.
Mary Austin, *Everyman's Genius*, Bobbs Merrill, 1925.
Thomas Uzzell, *Narrative Technique*, Harcourt Brace, 1923.
F.W.H. Myers, *Human Personality and its Survival of Bodily Death*,
    Longmans, Green, 1920. In particular, see the chapter
    on Genius.

Edith Wharton, "The Confessions of a Novelist," *Atlantic Monthly*, April, 1933.

Percy Marks, *The Craft of Writing*, Harcourt, Brace, 1932.

S.T. Coleridge, *Biographia Literaria*, Various editions.

Conversations of Eckermann with Goethe, tr. By John Oxenford, Dutton, 1931.

Longinus, *On the Sublime*, tr. By W. Rhys Roberts, Macmillan, 1930.

Alexander Pope, *Essay on Criticism*, Various editions.

William Archer, *Play-Making*, Dodd, Mead, 1912.

George Saintsbury, *History of English Prose Rhythm*, Macmillan, 1922.

Charles Williams, *The English Poetic Mind*, Oxford, 1932.

Anonymous, *The Literary Spotlight*, Doran.

24 English Authors, *Mr. Fothergill's Plot*, Oxford, 1931.

Douglas Bement, *Weaving the Short Story*, Richard R. Smith, 1931.

Ford Madox Ford, *It Was the Nightingale*, Lippincott, 1933.

Arnold Bennett, *How to Live on 24 Hours a Day*, Doran, 1910.

T.S. Eliot, *Selected Essays*, Harcourt Brace, 1932.

Virginia Woolf, *The Common Reader*, Harcourt, Brace, 1925.

Virginia Woolf, *Monday or Tuesday*, Harcourt, Brace, 1921.

The Journals of Katherine Mansfield, edited by J. Middleton Murry, Knopf, 1927.

Storm Jameson, *The Georgian Novel and Mr. Robinson*, Morrow, 1929.

Blanche Colton Williams, *Handbook on Story Writing*, Dodd, Mead, 1930.

Henry Seidel Canby, *Better Writing*, Harcourt, Brace, 1926.

Paul Elmer More, *The Shelburne Essay*, 11 vols., Houghton Mifflin.

Irving Babbitt, *The New Laokoon*, Houghton Mifflin, 1910.

Lafcadio Hearn, *Talks to Writers*, Dodd, Mead, 1920.

그리고 끝으로, 프랑스어를 읽을 수 있는 독자는 샤를 오귀스탱 생트뵈브(1804~1869), 레미 드 구르몽(1858~1915), 귀스타브 플로베르(1821~1880), 폴 발레리(1871~1945), 앙드레 지드(1869~1951, 1947년 노벨 문학상 수상자)의 작품들을 통해 이런 책의 목록을 세 배로 늘릴 수 있을 것이다. 특히 앙드레 지드의 『사전꾼들(*Les Faux-Monnayeurs*)』(1926)을 읽어보라. 훌륭한 영역본이 나와 있다.

찾아보기

【문헌】

『걸리버 여행기』 274
『그것은 나이팅게일이었다』 230
《뉴요커》 228
『드라큘라』 200
『불완전한 초상들』 185
『소설 쓰기』 148
『아서 왕 궁전의 코네티컷 양키』 164
『어떤 부자』 215
『월요일 또는 화요일』 187
『은총의 세월』 215
『인간의 성격』 244
『테스』 208
『포사이트가의 이야기』 86
『허영의 시장』 273

【ㄱ】

감수성 59, 135, 181, 276
감정 46, 57, 73, 74, 78, 82, 85, 151, 154, 183, 206, 245, 257
강조점 164, 206, 227, 228
개성 59, 74, 199, 202, 207, 226, 235
개입 79, 102, 115, 149, 164

개작 204, 205, 206
객관화 43, 110, 150
결심 39, 78, 79, 80, 185
결정론 26, 208
경험 27, 39, 40, 43, 46, 61,
　62, 65, 71, 98, 110, 123, 135,
　138, 174, 187, 188, 189, 197,
　201, 203, 217, 218, 255, 258,
　259, 260, 276
고무공 272
고정관념 182, 184
곤달랜드 111
골즈워디, 존 86, 93
공상 63, 82, 109, 110, 113,
　115, 116, 286
공식 136, 207, 246, 270
과시욕 38
관찰력 182, 187
교정 독서 159
군중 심리 58
권태 182, 183, 190
균형 감각 171
극 개념 169
글쇠 112
글쓰기 강좌 26

글쓰기 교사 27, 29, 40, 41,
　45, 66, 82, 139, 150, 195,
　196, 199
기교 28, 43, 55, 56, 87, 110
기분 전환 153, 218, 235
기성 작가 41, 66
기술적인 가르침 28, 42, 44
기술적인 문제 47
기억 73, 113, 135, 150, 184,
　188, 189, 215, 226, 234, 245
기자 41, 112
기적 61, 62, 134, 185, 253, 258
기질 56, 57, 58, 76, 82, 89,
　153, 154
긴박성 149
꿈 63, 110, 111, 113, 138,
　229, 247
끈기 65, 77

【ㄴ】

나의 바보 형제 271
낙담 44, 63, 65, 103, 154
노리스, 캐슬린 183, 200, 217

【ㄷ】

다중 인격 61

단서 163

단점 165, 261

단조로움 173, 260

단편 소설 27, 47, 138, 196, 228

대비 138, 148, 164

대화 65, 79, 86, 110, 113, 125, 138, 146, 147, 148, 149, 162, 230

도덕 57, 161, 281

도서관 85, 159

독서 111, 159, 187, 288

독자 25, 26, 38, 39, 60, 64, 150, 151, 157, 160, 163, 183, 202, 207, 276

독창성 64, 193, 195, 196, 197, 198, 199, 200

동기 부여 46

드라이저, 시어도어 199

등장인물 26, 27, 46, 65, 88, 111, 138, 147, 161, 163, 164, 170, 171, 183, 198, 199, 202, 228, 229, 230, 236, 243, 260, 273, 274

디킨스, 찰스 33, 227

뜨개질 217, 260

【ㄹ】

랭스터 183

레플리어, 아그네스 151

로런스, 데이비드 허버트 71, 183, 198, 199

【ㅁ】

마루 261, 262

마법 79

마이어스, 프레더릭 윌리엄 헨리 61, 244

마테차 287

말솜씨 151

명상 138

모방 64, 135, 136, 137, 167, 169, 170, 173, 188, 198, 199, 200

모의 작업 상태 77

모차르트, 볼프강 아마데우스 257

몽상 286

몽유병 216, 276

무관심 190
무능력 182
무운시 125
무의식 62, 66, 73, 74, 75, 76, 81, 107, 109, 111, 113, 126, 127, 146, 185, 188, 226, 229, 236, 239, 241, 242, 243, 244, 245, 246, 247, 248, 256, 260, 287
문어투 88
문제 63, 64, 136, 149, 150, 151, 152, 160, 174, 226, 227, 287
문학 27, 150

【ㅂ】

반스, 마거릿 아이어 215
배경 42, 89, 164, 228, 230
버스 186, 215, 230
벽, 펄 107, 119, 196
변덕 57, 60, 83, 123
변명 42, 125, 126, 231, 271
본 궤도 258, 259
본능 82
본드지 285

본보기 58, 75, 136, 159, 162, 170, 173, 174, 196, 226
본성 83, 189, 228, 241, 242, 246, 255, 256, 257
분리 60, 205, 256, 269
분별력 57, 59, 110, 276
불멸의 수호신 208
브라우닝, 로버트 111
브론테 111
비관주의 38
비난 46, 143, 154, 248
비법 28, 29, 30, 37, 247, 248, 259, 262, 267, 273
비판 82, 83, 113, 146, 155, 160, 163, 235
비평가 59, 66, 82, 83, 86, 87, 131, 134, 135, 165

【ㅅ】

사물의 연관관계 59
사상 169
사전 174
산문 39, 55, 137, 175
산책 215, 260, 274
삼중 인격 255

상상력 38, 78, 85, 98, 99, 101, 190, 193, 196, 198, 202, 243, 245, 248, 255

새커리, 윌리엄 227, 273

생동감 45, 207

생산성 153

샤프트 113

설득력 45, 64, 80, 99, 161, 207, 247

성격 26, 43, 47, 55, 56, 57, 60, 66, 73, 83, 89, 98, 146, 154, 172, 242, 244, 288

성찰 84, 113, 138, 261

성향 83, 87, 146, 150, 152

세잔, 폴 18

소금쟁이 271

소설 작법 26, 27, 28, 47

소재 74, 79, 88, 125, 134, 145, 162, 182, 184, 185, 188, 189, 190, 195, 206, 208, 228

수필 138, 151, 185, 228

순수한 시각 59, 179, 184, 185

스위프트, 조너선 274

스윈번, 앨저넌 찰스 151

스토커, 브램 200

습관 55, 83, 95, 97, 98, 99, 100, 102, 111, 133, 137, 150, 153, 181, 182, 232, 259, 261, 273, 287

승마 217, 260

시놉시스 27, 125, 204

시인 면허증 57

시장 64, 273, 285, 288

신경증 182

신동 257

신문 60, 113, 214, 226

신빙성 46, 151, 199, 230, 234

신앙 요법 102

신프로이트학파 26

실패 100, 102, 128, 146, 197, 200, 223

심리학자 61, 102, 109, 227, 244

심미안 38

십자가 101

쌍둥이 206

【ㅇ】

아리스토텔레스 59

아침 113, 114, 115, 116, 125,

127, 128, 133, 135, 138, 152,
189, 225, 226, 227, 228, 287
알터 에고 61
애벌 검토 135, 146
약속 125, 286
약점 65, 148, 150, 154, 162
어린아이 58, 59, 209
어조 174, 226, 227, 228
엘리트 284
여가 215, 216, 217, 248
여행 205, 274, 284, 285
연습 문제 89, 90, 102, 126, 141
연주회 216
연필 116, 160, 285, 286
영감 45, 65, 258
영화 26, 187, 217
예술가 59, 66, 77, 78, 80, 82,
88, 89, 131, 179, 208, 241,
248, 256, 258, 276, 277
예술적 혼수 상태 216, 247,
275
오행시 125
올컷 111
옷본 196, 197
우드하우스, 펠럼 그렌빌 86,
227, 279, 281
운율 86, 174
울프, 버지니아 136, 143,
187, 198
워턴, 이디스 95, 121, 148,
203, 227
원기 회복 61
원칙 125, 148, 204, 293
웰스, 허버트 조지 111, 208
위선자 136
유년기 111, 182, 184
유머 64, 86
유행 26, 136
유혹 134, 135, 137, 184, 214,
244, 286
육체 노동 241
음식 153
의지 57, 65, 98, 99, 102, 208,
229, 245, 246, 258
이성 78, 87, 88, 242, 245, 246
이야기 구조 40, 42, 55
이중 인격 60, 61, 78, 241, 255
일관성 147, 161, 200, 262,
277, 287
일화 61, 90, 138, 184, 189, 228

【ㅈ】

자극제 153
자기 부정 29
자신감 46, 47, 64, 80, 85, 140, 145
자아 61, 77, 82, 84, 86, 87, 88, 110, 145, 146, 147, 217, 234
자유 의지 208
자의식 42, 79, 111, 140
잠재의식 244
잡담 213
잡지 27, 46, 60, 85, 199, 234, 288
장면 전환 171, 172
장편 소설 138
재능 29, 40, 41, 43, 53, 59, 65, 77, 82, 83, 84, 136, 137, 138, 189, 239, 243, 244, 245, 253, 255, 256, 257, 258, 269, 277
재잘대는 원숭이 271
재포장 184
전시회 152, 187
전인 73
전형 74, 75
절정 147, 148

절제 59, 149
정직 149, 200, 204
제2의 천성 83, 113
제임스, 헨리 185
제임슨, 스톰 183
조바심 44
조언 43, 45, 65, 87, 95, 137, 150, 196
주기성 261, 270
주인공 110, 167, 171, 172, 173, 183, 202, 229, 274
주제 27, 47, 135, 139, 172, 179, 195, 203, 204, 205, 207, 209, 227, 228, 246
줄거리 구성 26, 28, 42, 65, 75
지망생 48, 57, 136, 159, 160, 196, 244
지성 39, 241
직관 248, 255, 258
진부 59, 88, 135, 184, 202, 203, 204
집단 비평 140
집중력 187, 260

【ㅊ】

착상 85, 87
창의력 40
창작 73
책 읽기 157, 218, 235
천재 61, 62, 65, 76, 135, 181, 189, 239, 243, 244, 247, 257, 258
철학 25, 136, 169, 208
체스터턴, 길버트 키스 105, 121, 151, 157, 167, 179, 253, 281
초보자 38, 43, 48, 56, 76, 79, 259
출판 에이전트 41
충고 38, 79, 81, 97, 100, 112, 126, 140, 149, 151, 155, 185, 196, 207, 214, 270
충동 29, 83, 115, 234, 235
취미 58, 84
취향 84, 136, 137, 146, 150, 169, 284, 288
친구 38, 82, 83, 84, 85, 125, 152, 188
침묵 45, 71, 81, 83, 87, 140, 211, 214, 217, 247, 248, 260

【ㅋ】

카드놀이 217, 260
칼라일, 토머스 151, 211
커피 287
콘래드 172
키플링, 조지프 러디어드 51, 227

【ㅌ】

타성 83
타자기 80, 84, 112, 113, 114, 216, 232, 235, 276, 283, 284, 285, 286
통찰력 204, 255, 258
트웨인, 마크 53, 69, 95, 164

【ㅍ】

파이카 284
판단 40, 87, 89, 123, 150, 161, 163, 201, 233, 234, 247
패러디 227
페넬로페 217
편집자 27, 41, 66, 82, 150,

195, 196, 199, 205, 234, 288
포드, 포드 매독스 230
포스터, 에드워드 모건 148, 186
포크너, 윌리엄 131, 136, 196, 198, 221, 267
프란체스코, 다시시 271
프로이트, 지크문트 26, 244

화이트, 윌리엄 앨런 215
확신 44, 45, 200, 201, 208, 209
휴일 213
휴지기 44
흡입력 135
희곡 147
히스테리 60

【ㅎ】

하디, 토머스 208, 211
하웰스, 윌리엄 딘 151
한 책 작가 42, 43
함정 135, 150, 199
해피 엔딩 183
행동주의자 214
허영심 45
헉슬리, 올더스 71, 193, 227, 265, 267
헤밍웨이, 어니스트 198, 223, 227
현란한 동사 174
현현하는 신 208
호흡 135, 139, 163, 173
화가 38, 80

주요 서평

피터 엘보가 『선생님 없이 글쓰기(*Writing Without Teachers*)』 (1975)에서 명명하고 나탈리 골드버그의 『뼛속까지 내려가서 써라(*Writing Down the Bones*)』(1986)와 줄리아 캐머런의 『아티스트 웨이(*The Artist's Way*)』(1992)를 통해 유명해진 '프리 라이팅'(free writing, 문법과 형식의 구애를 받지 않고 의식의 흐름을 따라가는 자유로운 글쓰기) 기법의 출발점은 1934년에 출간된 도러시아 브랜디의 『작가 수업』이다.
킴벌리 K. 에먼스(미국 케이스 웨스턴 리저브 대학교 영문학과 부교수)

내가 발견한 책 중에서 글쓰기에 관한 최고의 책.
줄리아 캐머런(미국 소설가, 문학 창작 강사, 영화감독, 『아티스트 웨이』 저자)

도러시아 브랜디는 1934년에 펴낸 고전적 지침서인 『작가 수업』을 통해 글쓰기와 무의식의 연관성을 설명해낸 최초의 현대 작가라 할 수 있다. 그녀는 작가들이 자신의 풍부한 무의식을 파고들어가 깊은 곳에 저장되어 있는 기억, 감정, 사건, 장면, 성격과 관계의 의미를 모두 불러낼 수 있다고 생각한다.

마샤 더럼(호주 소설가 겸 문학 창작학자)

자기만의 작품을 쓰고 싶은 모든 이들은 도러시아 브랜디의 『작가 수업』을 읽어라. 글쓰기에 있어 당신이 불가능하다고 생각하는 일들을 비롯해 이 책이 말하는 것들을 실천하라. 당신은 특히 아침에 일어나자마자 글을 쓰라는 충고가 싫을 수 있다. 하지만 어떻게든 그렇게 써낼 수 있다면 그것은 아마 당신이 스스로 해낸 일 가운데 최고가 될 것이다. 이 책은 철저하게 작가가 되는 것에 관한 책이다. 이후의 수많은 글쓰기 지침서가 이 책에서 비롯됐다. 글 쓸 자신감을 북돋우고 싶을 때 기교에 관한 책들이 아무 해야 끼치지는 않겠지만, 당신은 사실 다른 누구의 도움도 필요치 않다. 당신은 이 책대로 어느 정도의 글쓰기 연습만 하면 온전한 책 한 권을 쓰기 시작할 수 있다.

힐러리 맨틀(영국 소설가, 2009년 부커상 수상작 『울프 홀(*Wolf Hall*)』 저자)

『작가 수업』은 '모든 글쓰기 지침서의 어머니'다. 1934년에 처음 출간됐지만 그 신선함은 아직도 그대로다. 「머리말」의 마지막 문장은 다음과 같다. "이 책은 작가의 비법에 관한 모든 것을 다루고 있다." 이 책은 작가의 기질뿐만 아니라 습관, 독창성, 통찰력을 어떻게 계발할 수 있는지 설명한다. 나아가 모범적인 작품을 모방하는 방법과, 비판적으로 독서하는 방법, 그리고 글쓰기의 어려움들을 극복하는 방법도 제시한다. 또한 영감을 불러일으키기 위해 마음을 다스리는 방법과, 체화된 글쓰기를 하는 방법도 알려준다.

브렌던 놀란(아일랜드 작가 겸 www.askaboutwriting.net 운영자)

도러시아 브랜디의 『작가 수업』은 내가 글쓰기의 개념과 원리를 가르칠 때 선호하는 책 가운데 하나다. 이 책은 작가의 기질을 배양시켜 주기 때문에 특히 작가가 되기 전 단계에 도움이 될 만하다.

아누라그 수브라마니(미국 사우스퍼시픽 대학교 문학 창작 강사)

글쓰기를 배우고 싶어하는 사람들을 위한 흥미롭고 도움이 되는 책이다. 저자는 작가이면서 편집자이기도 하다. 저자의 목표는 작가가 되는 법을 알려주는 것이다. 그녀는 사람들이 저마다의 재능을 지니고 있고 누구든 글을 쓸 수 있다고 믿는다.
《뉴욕 타임스》(1934)

『작가 수업』은 창조적 글쓰기에 관심 있는 사람들에게 싱싱한 고전이자 더없이 훌륭한 지침서다.
맬컴 브래드버리(영국의 소설가 겸 비평가,
『작가 수업』 영국판 「추천사」 작가)

이 책은 기교적이고 편향된 글쓰기에 물든 나 같은 사람에게 유용한 책이다. 브랜디의 글쓰기 조언은 무엇보다 아침에 삼십 분이라도 일찍 일어나 무엇이든 쓰기 시작하라는 것이다. 이런 식으로 자신의 창조적인 면과 좀 더 밀접해지면 뇌가 수다나 정신 산만에 빠지지 않는다.
홀리 라일(미국의 판타지 작가)

이것은 놀라우리만치 명쾌한 책이다. 나는 도러시아 브랜디의 글쓰기 조언을 받아들이는 데 망설일 여지가 없다. 그 이유는 간단하다. 그녀 자신의 글쓰기가 너무나 우아하고 명료하기 때문이다. 나는 이 책을 읽으면서 "좋은 글은 창유리와 같다."고 한 조지 오웰의 격언이 떠올랐다. 브랜디가 1934년에 쓴 이 책은 그런 글의 완벽한 예에 해당한다. 이 책은 스스로 있는 듯 없는 듯 그저 저자의 생각을 명료하고 유쾌하게 전할 뿐이다.
브랜디는 글쓰기의 기교적인 문제는 다루지 않겠다고 처

음부터 선언한다. 물론 1934년에도 이야기 구성, 사건 전개 속도 따위에 관한 조언을 들려주는 책이나 강의는 많았다. 하지만 그녀는 대부분의 열정적인 작가들이 지닌 배후의 문제는 기교적인 것이 아니라 심리적인 것이라고 믿었다. 사람들이 이런저런 글쓰기 강의를 듣고 끊임없이 관련 도서를 사는 이유는 기교를 배우기 위한 것이 아니라 궁극적으로 훌륭한 작가가 되는 비법을 알고 싶기 때문이다. 이 책에는 내가 다 요약할 수 없는 다른 많은 값진 조언도 담겨 있다. 사실 나는 이 책을 꼭 정기적으로 읽어야만 할 것 같다. 이미 이 책 속의 많은 아이디어에 공감했지만 막상 글쓰기 작업에 빠져버리면 쉽게 잊어버리게 되는 것들이 거기에 들어 있다. 그래서 이 책은 서가에 항상 확실히 꽂아두어야 한다. 그래야 정기적으로, 특히 글쓰기가 힘들어지고 영감이 가물가물할 때 꺼내서 읽을 수 있다.

앤드루 블랙먼(영국 소설가, 전(前) 《월스트리트 저널》 기자)

정말 흥미롭게도 잠들어 있는 것과 깨어 있는 것 사이의 중간 상태 또한 생산적일 수 있다. 이것에 관한 아주 오래된 교본 가운데 하나가 바로 도러시아 브랜디의 『작가수업』이라는 책이다. 이 책에서는 '아침 글쓰기'를 제안한다. 잠에서 깨자마자, 즉 아침 식사를 해야겠다는 생각이나 조간신문을 읽어야겠다는 생각이 마음을 어지럽히기도 전에 글을 쓰라. 나는 이따금 그렇게 한다. 그러면 의외의 소재와 오랫동안 잠재해 있던 기억이 떠오른다. 이건 정말 해볼 만하다.

주디스 올냇(영국 소설가 겸 시인, 레스터 대학교 문학 창작 강사)

글을 쓰고 싶어하는 사람을 위한 최고의 지침서다. 이 책은 모든 열정적인 작가들을 위한 고전 필독서다. 나는 이 책을 오랜 세월 동안 기꺼이 읽고 또 읽어 왔다. 도러시아 브랜디는 1930년대에 이 효시적인 책을 써냈다. 그때 이후로 글쓰기의 스타일은 엄청나게 변했지만 작가가 되는 데 필요한 것은 전혀 변하지 않았다. 내 자신의 경험으로 볼 때 그녀의 조언은 그대로 유효할 뿐만 아니라 여전히 영감을 불러일으키고 용기를 북돋워준다.

데니슨 버윅(캐나다의 여행서 작가)

이 책은 나에게 실로 엄청난 영향을 끼쳤다. 요즘 글쓰기에 관한 책들에서 흔하디흔하게 이야기하는 것들을 나는 이 책에서 처음 접했다. 아침에 일어나자마자 글을 쓰라, 매일매일 글을 쓰라 등등.

마이클 라이트(미국 털사 대학교 '학제간 창조적 글쓰기 프로그램' 강사 겸 저자)

도러시아 브랜디의 『작가 수업』은 정보로 꽉꽉 들어찬 얇은 책으로, 1934년에 처음 출간됐다. 그래서 오늘날과 맞지 않는다고 느끼는 글쟁이들이 있을 수도 있지만, 이 책은 쉽게 읽을 수 있을 뿐만 아니라 내가 단순히 작가가 '되고 싶다'가 아니라 실제로 작가가 '되는' 데 큰 도움이 됐다. 브랜디의 글은 물 흐르듯 흐르면서도 재미가 가득하다. 브랜디의 조언은 자신의 글쓰기 실력을 향상시키고 싶어하는 모든 사람들에게 아주 안성맞춤이다.
줄리 루블러(미국의 프리랜서 작가)

나는 마침내 공감이 가는 '글쓰기 방법' 책을 발견했다. (알고 보니 이 책은 늘 내 곁에 있었고 나더러 이 책을 읽으라고 한 어느 친구의 조언이 그 안에 담겨 있었다.) 도러시아 브랜디의 1934년 작품인 『작가 수업』은 고전하는 작가들이 직면하는 근본적인 문제들을 다룬다. 그녀는 아침에 일어나서 해야 할 일, 여가 시간을 보내는 방법, 접촉을 피해야 할 사람들, 카페인 중독에 대처하는 방법 등 글쓰기 작업 관련 문제들에 대한 특별한 조언을 들려준다. 브랜디는 글 장사나 글쓰는 기교에 대해서는 아무 이야기도 하지 않는다. 그녀는 작가에게 그보다 훨씬 더 중요한 이야기를 한다.
아만다 스미스 바루시(미국 유타 대학교 사회사업학 교수 겸 논픽션 작가)

1934년에 처음 출간된 『작가 수업』은 오늘날 글쓰기에 관한 가장 훌륭한 책으로 평가받고 있다. 사실 이 책은 지난 75년 동안 끊임없이 판매됐으며, 똑같이 그렇게 판매됐다고 주장할 만한 다른 창조적 글쓰기 지침서는 사실상 없다. 도러시아 브랜디는 '누구든 글을 쓸 수 있고 모든 이가 제각각의 글쓰기 재능을 지니고 있다.'는 데서 출발한다. 그녀는 창조적 글쓰기라는 행위가 어렵지 않을뿐더러 소수의 지식인들이나 추구할 일로 보여서는 안 된다고 말한다. 이 책은 이야기 구성을 어떻게 짜고 등장인물을 어떻게 만들어내고 하는 것 따위에 관한 조언은 한마디도 하지 않는다. 대신에 자신의 창조성을 강화하고 그녀가 우리 모두의 내면에 있다고 믿는 무의식적 글쓰기 능력을 배양하기 위한 지침을 제시한다. 그녀는 이 책에서 이런 주제들을 다룬다. 작가의 기질을 배양하는 방법, 작가의 이중 인격, 쉬운 글쓰기 방법, 일정한 시간에 글쓰는 방법, 순수한 시각을 되찾는 법, 독창성 대 모방, 작가의 비법 등등. 이 가운데 마지막 것이 최고다. 이것은 자신의 독창성을 직접 발굴해낼 수 있는 실용적인 방법이다. 사실 이 책은 작가의 비법에 관한 이 한 장(章)만으로도 구입할 가치가 있다.

하비 채프먼(영국 소설가 겸 문학 창작 강사,
www.novel-writing-help.com 운영자)

도러시아 브랜디의 산뜻 간결하고 유려하며 우아한 『작가 수업』은 처음 출간된 후 여러 수십 년이 지났는데도 여전히 신선하다. 브랜디는 사람들이 저마다의 재능을 지니고 있고 누구든 글을 쓸 수 있다고 굳게 믿었다. 그녀는 누구든 글쓰기를 배울 수 있다고 주장한다. 그래서 그녀는 어떤 글쓰기든 어렵다고 끊임없이 강조하며 열정적인 작가들의 기를 꺾으려 드는 수많은 책들을 쓴 비관적인 작가들에게 화를 낸다. 그녀는 글쓰기에 실제로 도움이 되면서도 용기를 북돋우는 조언을 들려준다.
수전 엘킨(영국 《타임스》, 《텔레그래프》 교육 전문 객원 기자 겸 작가)

내가 창조적 글쓰기와 관련해 신참 작가들에게 가장 즐겨 추천하는 책은 바로 도러시아 브랜디의 『작가 수업』이다. 1934년에 처음 출판된 이 고전 지침서는 신참 작가들에게 단순히 글쓰는 법이 아니라 작가가 되는 법을 알려준다.
이레네 크레호비에츠카(영국 작가, 《가디언》 칼럼니스트)

『작가 수업』은 스티븐 킹의 『유혹하는 글쓰기』와 더불어 가장 많이 추천되어 이미 모든 이들이 알고 있으므로 굳이 나까지 추천하고 싶지는 않은 책이다.
캐서린 라이언 하워드(미국의 여행서 작가)

도러시아 브랜디의 『작가 수업』은 비록 1934년에 처음 출판됐지만 오늘날의 작가들에게도 여전히 유효하기 때문에 흥미롭게 읽을 수 있다. 브랜디는 다른 많은 작가들처럼 '글쓰는 방법'에 관한 책을 쓰고 싶지 않다는 말로 시작한다. 그녀는 작가를 심리적이고 정신적인 면에서 그려낸다.

스테이시 나첼니크(미국 시애틀 대학교 문학 창작 전공자)

『작가 수업』은 도로시아 브랜디가 글쓰기와 창조성에 관해 쓴 책으로 1934년에 처음 출간된 고전이다. 창조적 글쓰기 강사였던 브랜디는 학생들에게 작가로서 보고 듣고 생각하는 법을 가르쳤으며, 이 책을 통해 학생들과 자신의 통찰력을 공유했다. 이 획기적인 작가 지침서의 각 장에는 내가 중요하게 여기는 것들이 그대로 담겨 있다.

린다 조 마틴(미국 아동소설가)

고전 『작가 수업』에서 도로시아 브랜디는 무의식의 기능을 다양한 각도에서 설명하며 심지어 무의식을 이용할 수도 있다고 주장한다. 아울러 의식과 무의식이 상보적인 관계라고 말한다.

로버트 그레이엄(영국 맨체스터 메트로폴리탄 대학교 문학 창작 강사, 『소설 작법(*How to Write Fiction*)』 저자)

영감이 번득이게 하려면 도로시아 브랜디의 『작가 수업』을 읽어라.

나오미 애들러먼(영국 소설가)

'작가로서의 독서법'은 도러시아 브랜디가 1934년에 출간한 『작가 수업』에서 처음으로 제시됐다.

폴 도슨(호주 뉴사우스웨일스 대학교 문학 창작 강사)

저자에 대하여

1892년 1월 12일 미국 일리노이 주 시카고에서 프레더릭 톰슨과 앨리스 톰슨의 5남매 중 막내로 태어났으며, 본명은 앨리스 도러시아 앨든 톰슨(Alice Dorothea Alden Thompson)이다. 미시즈 스타레츠 여학교와 시카고 대학교를 졸업하고 루이스 공과대학(현재 일리노이 공과대학교)과 미시간 대학교에서 수학했다. 1910년대에 신문사 《시카고 트리뷴(*Chicago Tribune*)》에서 기자로, 1920년대에 유명한 문예지 《아메리칸 머큐리(*The American Mercury*)》에서 발행 및 유통 관리자로 일했다. 1930년대에는 문예지 《북먼(*Bookman*)》(1934년 이후 《아메리칸 리뷰(*American Review*)》)에서 부편집장으로 일했으며, 이 시기에 작가 및 작가 지망생을 위한 전국적인 통신 교육 학교를 운영하며 순회 강연을 했다. 소설가, 비평가, 칼럼니스트, 논픽션 작가로도 폭넓게 활동했고, 1936년에는 《아메리칸 리뷰》의 발행인이자 편집인인 수어드 콜린스(Seward B. Collins, 1899~1952)와 결혼했다. 학창 시절에 우수한 대학생들의 모임인 파이베타카파회의 회원이었고, 감독교회 신도였으며 공화당원이었다. 1948년 12월 17일 보스턴에 있는 매사추세츠 종합병원에서 세상을 떠났다. 대표작인 심리 치유 에세이 『깨어나 네 삶을 펼쳐라(*Wake Up and Live!*)』(1936)는 대공황기에 절망하고 지친 사람들에게 힘과 용기와 지혜를 심어주면서 200만 부가 넘게 팔렸으며 이듬해 1937년에 뮤지컬 영화로도 제작되어 흥행했다. "현대의 모든 글쓰기 지침서의 어머니"로 불리는 『작가 수업(*Becoming A Writer*)』(1934)은 작가 및 작가 지망생을 위한 필독서로 전 세계에서 베스트셀러이자 스테디셀러로 꾸준히 읽혀 왔으며, 중고등학교와 대학교에서 글쓰기 교재로도 이용되고 있다. 다른 작품으로 『레비존 씨, 미국을 말하다(*Mr. Lewisohn Interprets America*)』(1933), 『가장 아름다운 여인(*Most Beautiful Lady*)』(1935), 『필리파에게 부치는 편지(*Letters To Philippa*)』(1937), 『나의 천하무적 아주머니(*My Invincible Aunt*)』(1938) 등이 있다.

삶에 관해 쓰려면
우선 그 삶을 살아봐야 한다!

어니스트 헤밍웨이

1953

어니스트 헤밍웨이
Ernest Hemingway
1899~1961

옮긴이 강미경
이화여자대학교 영어교육학과를 졸업했다. 전문 번역가로 활동하고 있으며, 번역서로 『배드 사이언스』, 『프로파간다』, 『사티리콘』, 『헤밍웨이 vs 피츠제럴드』, 『몽상과 매혹의 고고학』, 『유혹의 기술』, 『도서관, 그 소란스러운 역사』, 『최초의 아나키스트』, 『마르코 폴로의 모험』, 『고대 세계의 위대한 발명 70』 등이 있다.

작가 수업
ⓒ 공존, 2010, 2018, 대한민국

2010년 8월 15일 1판 1쇄 펴냄
2018년 1월 15일 특별판 펴냄

지은이 도러시아 브랜디
옮긴이 강미경
디자인 도트컴퍼니
펴낸이 권기호
펴낸곳 공존

출판 등록 2006년 11월 27일(제313-2006-249호)
주소 (04157)서울시 마포구 마포대로 63-8 삼창빌딩 1403호
전화 02-702-7025, 팩스 02-702-7035
이메일 info@gongjon.com
홈페이지 www.gongjon.com

ISBN 979-11-955265-8-1 03840

BECOMING A WRITER by Dorothea Thompson Brande
Korean translation of the 1934 edition published by Harcourt,
    Brace & Company, New York.
Foreword ⓒ 1981 by John Champlin Gardner, Jr.; 1982, Joel Gardner.
저작권법에 의해 대한민국 내에서 보호를 받는 번역 저작물이므로 무단 전재와 무단 복제를 금합니다.